梦想是璀璨夺目的星光

文精品集萃丛书·梦想系列

《中学生博览》杂志社 选编

时代文艺出版社

图书在版编目（CIP）数据

梦想是璀璨夺目的星光 /《中学生博览》杂志社选编. -- 长春：时代文艺出版社, 2021.6
（青春美文精品集萃丛书. 梦想系列）
ISBN 978-7-5387-6708-7

Ⅰ.①梦… Ⅱ.①中… Ⅲ.①作文－中小学－选集 Ⅳ.①H194.5

中国版本图书馆CIP数据核字(2021)第083852号

梦想是璀璨夺目的星光
MENGXIANG SHI CUICAN DUOMU DE XINGGUANG

《中学生博览》杂志社　选编

出品人：	陈　琛
责任编辑：	刘瑀婷
助理编辑：	史　航
装帧设计：	孙　利
排版制作：	隋淑凤

出版发行　时代文艺出版社
地　　址　长春市福祉大路5788号　龙腾国际大厦A座15层　（130118）
电　　话　0431-81629751（总编办）　0431-81629755（发行部）
网　　址　weibo.com/tlapress（官方微博）　sdwycbsgf.tmall.com（天猫旗舰店）
开　　本　880mm×1230mm　1/32
字　　数　135千字
印　　张　7
印　　刷　三河市嵩川印刷有限公司
版　　次　2021年6月第1版
印　　次　2021年6月第1次印刷
定　　价　36.00元

图书如有印装错误　请寄回印厂调换

编 委 会

编委会主任：刘翠玲　夏野虹　高　亮

编　　　委：宁　波　孟广丽　张春艳

　　　　　　李鹏修　苗嘉琳　姜　晶

　　　　　　王　鑫　李冬娟　王守辉

Contents
目　录

时光静无声

像公主一样被宠爱　/　M君颜　002

千年老三的逆袭之路　/　冯　瑜　011

草帽儿三见阿砂　/　草帽儿先生　014

亲密敌人　/　方　悫　021

我才不喜欢你　/　孤独少年　026

世间所有的相遇都是久别重逢　/　旻　夕　030

时光静无声　/　孟卓钺　035

我的神仙姐姐　/　温不柔　038

抬头仰望星光

比如，我想念你的方式　/　傀儡娃娃　044

唱那首年少的歌　/　趴趴熊　046

独角戏　/　翁翁不倒　053

还有寂寞和快乐 ／ 养　分　061

梦想啊 ／ 晴　晗　067

如果能够遇见你 ／ 某某闲来　070

我曾仰望过的少年 ／ Zero　073

致年少的你 ／ 沐子眠　076

枕着远方入眠

哪怕做一条咸鱼，也要学着哄自己开心 ／ 亦青舒　080

旧时微凉，曾有少年凿壁借光 ／ 依然那么瘦　083

你好，来自21世纪的文艺 ／ 不消停　086

诗和远方都到不了的家 ／ 不知所芸　089

我和她相隔的不是天涯 ／ 六州笑　093

我很美，我知道 ／ 暖纪年　096

我也曾枕着远方入眠 ／ 温　馨　099

你是我整片星空

距离是最考验的关口 ／ 半　勺　104

听见你的声音 ／ 方　悬　112

承认害怕孤独 ／ 琉　筱　119

我为什么没有开始下一段友情　／　黎宥岚　124
当我们重承诺的程度和年龄成为反比　／　琉筱　128
别让那颗心蒙了岁月的尘　／　傻哈哈　131
穿碎花长裙的微胖女孩儿　／　文星树　136

梧桐生矣，于彼朝阳

束河镇里，缠一条红线给你　／　暖纪年　140
梧桐生矣，于彼朝阳　／　七友　152
余生皆幸会　／　千岁　165
海风夕阳都没忘记　／　阮瓷　176

夜晚黑暗，你却璀璨

与那些夏天无关　／　北方　184
爱情太短，遗忘太长　／　谈阿宝　190
十六岁的傻姑娘　／　阿空空　196
我只是在告别　／　苏凉　200
你好，十三楼男孩儿　／　八蟹　206
呦，男神　／　林春蕊　211

时光静无声

像公主一样被宠爱

M君颜

因为害怕,所以流泪

"死丫头,你今晚不要进来了!"

我几乎是夺门而出,转身面对被狠狠关上的门我也不甘示弱吼了回去:"不进去就不进去,谁稀罕!"

"妈妈,让姐姐进来吧。"弟弟替我说着好话,我几乎能想象到他拉着妈妈的衣角一脸小心翼翼的样子。

"不要管她!"妈妈打断了弟弟。

我坐在屋外的台阶上,默默地听着里面碗筷碰撞的声音,电视里的灰太狼嚷着要抓羊,最后连灯也熄灭了。

我突然很害怕,但是又不敢敲门,只能抱紧双腿死死地咬着手指不让自己哭出声。

静谧的夜晚，没有雾气，没有稻香，更没有远方的蛙鸣。

　　只有我一个人，又饿又困。

　　"姐姐，"迷迷糊糊中有人推我，弟弟从衣服兜里像变魔术般地掏出个鸡腿递给我："这是我留给你的鸡腿。"

　　我咽了咽口水，接过来狼吞虎咽。吃着吃着我又哭了起来，弟弟慌忙过来拍我的背，说："姐姐别哭，我偷偷让你进去，妈妈不知道。"

　　"我作业还有好多没有写。"想到这我哭得更凶了。

　　"那我陪你。"弟弟想了想，拿出一本课外书一本正经地陪我坐在旁边："快写吧，写完睡觉。"

　　我擦擦眼泪，点了点头。

　　充电的台灯渐渐暗了下来，我起身找插头，转头发现弟弟已经睡着了，拿在手上的书摇摇欲坠。我抽走他的书，小心地推了推他让他到床上睡。

　　"嗯，"他揉了揉眼睛，打着哈欠钻进了被窝里，"姐姐你快点写。"

　　看着还有一半空白的卷子，突然就没有写下去的力气。今天到底为什么争吵，我也不知道。我与那个女人几乎每天都要为了一些鸡毛蒜皮的事情争吵，她似乎总是看不惯我。我时常在想她到底爱不爱我，不爱我为什么还要把我生出来。

还好，我有一个会疼我的弟弟，几乎十岁的差别，可是他总是比我懂事许多。他很少哭，而我几乎是从小哭到大，就像眼泪不值钱一样，说流就会流下来。

我曾把他在超市里弄丢过，偏偏我还一直没发现。直到广播里响起寻人启事，我都没有听清说的是谁。我下意识看了眼身边，才发现不知道什么时候弟弟已经不在旁边。我惊慌失措，站在原地又开始哭。

旁边打扫卫生的阿姨问我："刚才说的是不是你弟弟，快点去看看，哭什么？"

我才想起来去找他。售货员不管他，他一个人蹲在那玩。我叫他的名字，他抬起头叫姐姐。本来好不容易止住的泪又崩了，我跑过去抱他，面无表情的售货员指责我这么大的人为什么不看好弟弟。

我没敢说话，低头匆匆地拉着他走。

我问："你怕不怕？"

"不怕啊，姐姐你丢死人了，就知道哭。"他拉着我的手，笑容依旧明媚。

我沉默地低着头继续走，当时我真的好害怕，因为害怕，所以哭啊。

所谓报复，从来都是最幼稚的想法

第二天早上，早餐像往常一样放在了桌上，谁也没有提起前一晚的事。

那个时候是高三下学期的五月，冷战就这样形成了，时间长到甚至一直到高考那两天我都是一个人。

我和几个不太熟的同学分到了别的学校，带队老师是教我们化学的一个不苟言笑的老头。可是那天他却笑着对我说好好考，还有个不太熟的男生也对我说考试加油并给了我一块巧克力。

我感动得不知道说什么好只是一个劲儿地傻笑。

那个时候的我总是特别容易感动于来自于别人的一丝丝善意和温暖，却总是对身边最近的爱视而不见。

第一场考试结束，我低头匆匆从那些翘首以盼的家长堆里钻过去，坐在公交车上看着路上的家长和他们的孩子有说有笑。

我抱着书包安慰自己，只是考试而已，一个人也没什么大不了的。

可是到底还是失落的。

"考得怎么样？"饭桌上妈妈问我。

我低头吃饭，不想说话。面对她的又一次追问，我忍不住心烦意乱，索性一摔筷子，"考得很不好，你再把我赶出去啊！"

弟弟拉我的袖子，我扯开了。妈妈看着我，大概被我突然发作给惹生气了，她说："那你不要考了。"

委屈，抑或怒全部涌了上来，我把碗摔到地上，拿起书包就跑了出去，不管弟弟怎么叫我都没有回头。

有那么一瞬间我甚至真的有弃考的冲动，似乎那样我会有一丝报复的快感。可是如果真的这样做，报复的究竟是谁呢？简直是最幼稚的想法。

那个中午，或许你会看见一个穿校服的女生一路摔摔打打地走着，后面远远地跟着一个愁容满面的中年妇女。

可是我不知道，我自始至终没有回头，也就没有看见妈妈被汗湿透的衣服以及晒得干裂的嘴唇。

我不想长大，因为你会老

高考结束，并没有多大的欢喜。什么通宵，什么狂欢统统都没有，我安静地待在家里辅导弟弟做功课。

唯一变化的是，我和妈妈吵架变得少了，但是依旧很少说话。

弟弟说："你填个近一点儿的学校吧，要不然我会想你的。"

爸爸也打电话说："丫头啊，不要跑太远，会想家的。"

我不说话。实际上我真的有想过填一个特别远的地方，让家里的那个女人永远看不到才好。可是最终还是没有。

开学前一天，收拾东西的时候又吵了起来。简直是莫名其妙，我皱着眉把衣服狠狠地塞进行李箱，近乎冷笑着说："以后你就看不到我了，不用嫌烦了。"

我不知道我为什么会做出那个表情，但是我确实是做了。

妈妈看着我，嘴唇动了动终究什么都没有说。看到妈妈的眼神，我愣了一下，但是世上没有后悔药，我仅仅是越过了她收拾起了别的东西。可是在此之后的很长一段时间，我始终都忘不了她的眼神，饱含着怎样的情绪，失望以及悲伤。

第一天晚上，我开始想家，那个明明我时刻都想逃离的家。半夜我听见有人在哭，很小声。然后那个人下了床跑去了阳台，她哭着喊，妈，我想回家。

外面的灯光照进寝室里，在天花板上隐隐约约看不真切。我翻了个身，把脸埋在了枕头里。我也想回家，可是我该打给谁呢？

想家不过前几天的事，后来的我被新生活的自由吸引，也逐渐忘却了想念。假期的时候和离家远的室友到处走走停停，世界那么大要去看看。

弟弟打电话问我什么时候回家。

"忙。"我正陪着室友过生日，蛋糕糊了我一脸。听着弟弟失落的声音突然有些愧疚。到底是有多忙呢，只是没有真的去挤出时间罢了。

原本还兴致高昂的我瞬间没了激情，因为我突然发现我甚至不记得爸妈还有弟弟的生日。

冬天的时候，手开始生冻疮。可是厚厚的毛衣羽绒服，除了自力更生没有人会帮你洗。冷水刺激着手上的皮肤，我突然想起妈妈的手，似乎她的手也总是生冻疮，可是她从来没有对任何人说过痛。

耳机里在放周杰伦的《听妈妈的话》，歌词写道：

> 听妈妈的话别让她受伤，
> 想快快长大才能保护她，
> 美丽的白发幸福中发芽，
> 天使的魔法温暖中慈祥。

可是，我突然不想长大，因为妈妈会老。人生在世只是刹那之间，然而我从来没有珍惜过之前的那段时光。

曾经，我不懂你的爱

爸爸说："你妈很想你，以后多打电话回家。"

"哦。"我低低地应了一声。

"你啊，"他叹息了一声接着说，"真是不懂事，就知道和你妈吵。我记得当时她生你的时候差点儿难产，医生都说不要孩子了，可是你妈她舍不得。"

他说："快点儿长大吧，早点儿让你妈过上安稳的日子。"

小时候模糊的记忆已经所剩无几，我记不清我妈是怎么哄我睡觉，怎么教我说话，怎么教我走路。或者因为自私，我从来就没有试着想过去回忆，我记得的从来只是她对我的不满。

我在书上看过一句话：最真实的爱，是将自己的生命灌注在别人身上，看到他成长带来的喜悦。我的母亲，怀胎十月生了我，给了我她最好的年华，甚至是一辈子。

我为什么还总质疑她爱不爱我呢？

一次放假，我提前到了家。饭香味老远就能闻到。我站在门口听见妈妈在训偷吃的弟弟。

"这是给你姐的，不许吃。"

"你姐打电话了吗？要不要去接？"

弟弟吃着东西，含糊不清地说："没有，姐姐都那么大人了，不会丢的。"

我鬼使神差地又背着包走了，我幸福得想大笑又想大哭。坐在街边的石凳上平稳了情绪然后才假装什么事都没发生地推门。

"我回来了。"

妈妈看了我一眼，哦了一声。弟弟扑向我，说："姐姐我想死你了。"

我想起了高考后暑假的某一天，在那个闷热潮湿的储物室，我偶然撞见了小时候的记忆。密封的铁盒，我小心翼翼地打开。发鬓已被汗水浸湿,我低着头,汗水就流进了我的眼里,辣得眼睛疼。

里面是我小时候的东西,以为丢了的玩具娃娃,做工粗糙的千层底,画得歪歪扭扭的全家福……

原来都被好好地收藏着。我曾经一直羡慕着别人,他们总是被数不清的温柔包裹,可是现在才恍然,我其实也一直被宠爱着,像公主一样。

她免我惊,免我扰,免我四下流离,免我无枝可依。她不会轻易地说爱我,却会在日常里把我照顾得好好的,一针一线一点一滴,为我织就漫长时光;她会骂我,但只是不想我做错事,想让我做一个明媚的人,不倾国不倾城,但是始终姿态优雅。

还好,为时不晚。

千年老三的逆袭之路

冯 瑜

君君是我高二和高三的同桌。

作为一个不肯放弃的数学学渣，我也不知道有一个数学考全班第三的同桌是不是一件好事。

首先，不懂的题目我可以问她，然后，问多了她会烦，最后，问了这么多，教了那么久，我还是个渣。

她嘛，还是千年老三。

班上考第一的亲是那种除了数学哪一科都不好的数学一哥，第二名是除了数学其他科目都能够全面发展的班级总成绩第一名。这样一对比，似乎也没什么可以埋怨的了。

何况她本来是那种卷面一百五十分，她只能拿二三十分的数学渣。

她的逆袭之路是从高二暑假开始的，我还记得高二期末的时候，我的数学比她高了十来分。结果高三的第一次月考,她就比我高出十来分了。

还没等我问她原因,后桌兼她的好朋友就道出了真相:"你请的家教真有两下子啊!"君君听罢,点了点头:"一节课一百块可不能白给,是吧?"语毕,两人都乐了。

其实高三开学后我就发现她不对劲的地方了。她依旧和后桌一起上网买零食,但总免不了留下一点儿钱买数学高考真题。以前她会在自习课上和我一起看小说,现在看小说之前她至少要完成半份数学试卷。研究表明,一个人在某一领域花费一万小时就能成为该领域的专家,高考数学当然不用花那么多时间,尤其是在一个数学成绩普遍不好的文科班里,因此到了高三上学期的期中考试时,她的数学成绩就位列班级前十名了。

"君姐简直是开挂的节奏啊!"那人的话语之中带着几分阴阳怪气,因为这次考试她坐在数学一哥后面。

"人家君姐是开火箭的黑马好吗?你们都看走眼了,好不好?"话音一落,那人白了我一眼,有些生气。

"谢谢。"上课时,她压低声音对我说。

"不客气。下一次,再考好给他们瞧瞧!"她不吭声,认真地点头。

接下来的几次考试,君君的数学分数越考越高,一来二去,谁也不敢再说她的闲话了。

作为一个对故事感兴趣的人,我曾经好奇她为什么会突然努力学起数学来。按照小说里的俗套桥段，说不定她是为了让某个数学好的人看见她。当我鼓起勇气问她时，得到的答案却是："初中的时候，一百五十分的数学试卷，我能考一百三十分。"

我不信："后来怎么就成数学学渣了？"

"因为骄傲偷懒看小说。"

后桌告诉我，君君说的一切都是真的。初中的时候，她的数学在班上经常前五，偶尔第一，中考的总分就是依靠数学提上来的。班上很多人选择文科是因为文科数学相对于理科来说较为简单一些，她选择文科则是由于不喜欢化学和生物。至于数学嘛……别说讨厌了，喜欢都来不及呢，这不，大学填志愿，她毫不犹豫地找了一所师范院校念数学。

我觉得她一定可以成为好老师的。因为她当过数学渣，明白数学渣的感受，一个明白这种感受的老师会更能懂得爱护那些数学成绩不好的学生。

"嗯。除此之外，那种看着选择题从对一两个到最多只错一两个，填空题从全错到全对，大题从都不会到会一两道再到错一两道的幸福感，还有那种写完一本又一本练习册和真题的成就感，实在太好了！我希望我的学生也能拥有这种感觉。"

我们谈论这些的时候，高考已经落下了帷幕，在那之前，我根本不知道她为了成为数学大神做了那么多事情。

草帽儿三见阿砂

草帽儿先生

你知道阿砂是谁吗？没错，就是在2015年的6月合刊上一次性过稿四篇的大神，也是总在小博的涂鸦墙上画少女漫画的那个矮萌小朋友。

其实动笔的时候，我的内心是忐忑的，因为我辛苦维持的高冷睿智的形象即将土崩瓦解，没节操的逗趣本质就要暴露于大庭广众之下了。

我会告诉你们我是在和阿砂认识近半年之后才知道她的性别和名字吗？在此之前我只知道她和我在同一个县城读书，我高二她初三，我骑自行车从我的学校到她的学校只需要二十分钟。

嗯，你们也觉得我们距离特别近对不对，初识时我就想约她出来面谈的啊，奈何不懂怎么搭讪，生怕一开口就被当成怪大叔一掌拍飞。于是在阿砂问一句我答一句的情况下,我们愣是全在扯正事,措辞怎么样情节怎么样文章怎么样。而一句题外话都没有的后果就是,我给她的备注一直都是"侨中"——她学校的校名简称。

熟起来的原因啊,貌似是街猫。没有出现什么引荐的情节啦,街猫大神在空间发了一组自己的照片,美得不得了,阿砂就见色起意(我这么写她会不会打我)跑来问我和街猫熟否。

我答:"想熟,但是不知道要怎么熟。觉得街猫是高冷女神范儿,膜拜就好了。"她忽然就激动起来:"我也是觉得你好高冷,想和你熟起来但是不敢。"

后来的事你们就能猜到了,我们惺惺相惜一拍即合。

第 一 见

熟起来之后我们自然就谈及了面谈事宜,奈何阿砂妹子铁了心要等她中考后再和我见面,所以依然不肯告诉我她的名字……在我抛砖引玉地扔出一张自己的自拍给她后,她作为回报丢给了我一张整颗脑袋被PS成一朵大向日葵的美照,如此这般,以至于我想潜进她的学校到她班上去找她,给她个惊喜或者惊吓都做不到。

然而天无绝人之路,这个作死的家伙体育课从双杠上跳下来,然后摔折了一只手。

我都盘算好了要如何向她的同学描述——"对,就是你们班在体育课上摔断手的那个女生,麻烦你帮我把她叫出来一下。"结果这精妙绝伦的主意当天就夭折了,这妞居然嫌学校自习课太吵影响复习,请假回家自学,鉴于她的伤情,她的班主任二话不说地就点头恩准。知道这件事的那一瞬间我真是面朝黄土清泪两行。

好不容易等到阿砂中考结束,我又开始备战期末考,学校连周末都不肯放假。阿砂提出要混进我们学校来和我碰头,于是我详细地对她描述了关于我上课睡觉,下课打盹,头发张狂凌乱,双眼黯淡无神,黑眼圈厚重,痘痘粉刺齐头并进的糟糕形象,连哄带吓地说服她打消念头乖乖地等上一星期。

在一星期后的某个阳光明媚的天气里,我和阿砂终于决定互相"见光死",约在了超市门口碰面。在我距离超市还有十余米的路程时,看见了一个似乎站在大门口等人,时不时拿出手机看两眼的背带短裙女,霎时我心里就惊悚了,这身高,和描述不符啊!说好了比我矮的啊!

我正待顾影自怜一番,真正的阿砂这时就从超市里狂奔而出。我一脸的心有余悸:"我一开始还以为那个背带女是你!""啊,哈哈哈,要不是你及时出现我都要壮着胆子上去搭讪了。"不管怎么说,青春无敌霹雳美少女阿砂同学的身高没有超出我的预期就好,这样我就还能骄傲地挺直身板伪装成"高耸入云"状站在她的面前。

面谈的第一站是奶茶店。点了两杯奶茶后我们就开启了话痨模式，你知道的，两个女生约等于一千只聒噪的鸭子，更何况我们这两个写文章的家伙，所掌握的故事题材比之其他女孩子只多不少，兴冲冲地把天南海北各种八卦奇闻逸事唠了个遍。等到两个多小时过去准备转移阵地时，阿砂才哭丧着脸从包里掏出个本子和一支笔，她居然以为我们见面后是会热烈地讨论稿子然后彼此奋笔疾书的……对于这种天真的想法我也只好报以一串省略号了。

第二站是我的学校。嗯，9月份开学后也是阿砂的新学校。然而即使我那天带着阿砂熟悉环境，把学校的每个角落都走了个遍，顺带留下不少合影。开学的那天，阿砂依然是早早起床早早到校，却仍然在寻找教学楼和教室的过程中迟到了……

所以说，我认为阿砂完全没有高端黑的潜质也是有原因的，毕竟这傻白甜的智商……

从学校出来以后我们又去逛了逛邮局书店，阿砂举着有她文章的小博激动得直抖，我默默腹诽，自己是装作不认识她还是装作不认识她更好一点儿呢？而后返程途中，我又惊奇地发现，这丫头居然不懂得坐公交车，当然这不是重点。重点是，阿砂的妈妈在此期间数次打电话来询问草帽儿先生的真正性别，真是让我有抢电话验明正身的冲动啊。

果然是被当成拐卖小萝莉的怪叔叔了呢。

第 二 见

　　和阿砂的第二次见面依然是约在超市门口碰头，暑假期间肩负着烧火做饭重任的我带着阿砂小朋友完成了她人生中第一次买菜的体验。

　　事实上，我们做讨论状和各种蔬菜大眼瞪小眼良久后，十分随便地挑了几样"面善"的青菜，而后就在零食柜台徘徊不前，最终提溜了一堆糖果薯片回家。

　　挑选零食时，阿砂的心理防范度降到了最低，一时脑热就对我自曝了曾因为想吃薯片而把同一部电影看了三四遍的经历。去电影院看电影时阿砂妈妈会给她买薯片。

　　不知道是不是我们运气太好，在超市买菜居然还遇到了老许！老许就是曾经校园口技上出口便是金玉良言的那个逗趣几何老师。当时老许穿着简单的白T恤和米黄色短裤，虽然一身的休闲随意显得他特别帅，但是他帮女朋友背着的女式粉色手提包实在是太有违和感了！我拽着阿砂让她看，岂料她反应冷淡，瞥了两眼就把脸转回了原先的角度，原来老许还没有货架上的薯片有魅力啊……嗯，我是不是应该告诉鹏修哥，找阿砂催稿的秘方就是以薯片利诱呢？

　　买完菜我们俩去吃咖喱饭，阿砂消灭了一半的饭后告诉我，她觉得饭不够。于是在我的眼神鼓励和她担心饿肚子的潜在威胁下,屁颠屁颠地跑去找老板娘铲了一大勺子饭。大约十分钟后,阿砂妹子再次告诉我她觉得饭不够,彼时我已经吃饱喝足,盘子里仅余两根挑食剩下的"奄奄一息"的青菜。今儿个咱总算领略了,阿砂不仅是个大胃王,还是个会卖萌的软妹子。我无奈之下唯有前去搭讪老板娘求打饭,老板娘大概是看到我那么两棵青菜太寒碜,还热情地给我舀了一大勺咖喱。

我就是比较郁闷啊,明明我吃得比阿砂少,怎么还比她胖……这!不!科!学!

第 三 见

我们第三次见面终于不是约在超市门口了。其实过程一点儿也不刺激,只不过就是悄悄绕到后门进入电影院,然后再从电影幕布后假装成工作人员堂堂正正地走出来,剩下的事就是占座位吃薯片看电影,真简单。

我们约在了电影院看《栀子花开》。然而入场之后我和阿砂才发现,来看《栀子花开》的居然是一对又一对的情侣,于是我们两只单身狗只好默默地互相喂着薯片,伪装出一派和谐浪漫的气氛。还真是,蛮有爱啊。

看完电影,吐槽完剧情和槽点,天色已晚,各回各家各找各妈,至此第三见完毕。

你问我第四见、第五见、第六见为什么不往下写?哈哈，阿砂现在就在我教室的正上方上课呢，抬头不见低头见的，我再继续数着见面的次数岂不是显得很有病？

哦，我们现在已经一点儿都不见外，阿砂已经开始喊我草帽婶儿，虽然我还年轻。我也给她取了个曲奇的外号，然后时不时拿来当小说主人公的临时名字冒个泡，把她气得直跳脚。

呐，要不要来和我面谈？见一个送一个，来见我就送一只大神阿砂哟，不萌不要钱。

亲密敌人

方　悬

　　印象里跟你讲话似乎从来没用过"妹妹"这个字眼，大多数时间都是直呼你的名字，只有在跟别人讲起你时，才会以一句"我妹妹"作为开头。

　　你大概不记得小时候我被你欺负得有多惨。那时候你才一两岁的样子，特别烦人，特别无法无天，可是没办法，你最小，所有人都要宠着你爱着你。你什么都不懂，话也不会讲一句，所有的表达都是来自最原始的意愿，你会抓起身边任何能拿到的东西随手向我扔来，幸运一点儿是一个小小的玩具皮球，倒霉一点儿就是一只大大的狮子狗。我常常被你砸得青一块紫一块，有一次被你砸到了眼睛，我捂着肿得老高的眼睛躲在角落里号啕大哭，那时我就在想，等哪天爸爸妈妈都不在家了，我一定要好好修理你一顿！

小时候，我是真的很讨厌你的。有时候走在路上看见熟人，他们都会跟我讲："完了，你有妹妹了，没人疼你了。"

如果是现在遇到这种情况，我一定会毫不留情地斥责对方。可是那时候我还小啊，听了他们的话真的就那样以为了，一路哭着回家，看见妈妈了就大声地质问她："你为什么要生妹妹？你们是不是不想要我了？"

你说，那样一种境况下，叫我怎能不对你产生敌意？

母亲说过一句话，我记了很久。那是在家庭聚会上，所有的亲人聚在一起，母亲跟那些舅舅阿姨说，觉得我特别难养，很折腾，但是你呢，似乎一下子就长大了。

她说这话的时候，我忍不住去看你，彼时你已经十多岁，坐在地板上陪亲戚家的小孩子玩，小孩子突然哭起来，你便手忙脚乱地将他哄好。

这一幕，多像从前的我们啊。

只是那时候，我已经很少在家陪你玩，我住在学校里跟高考斗得昏天暗地，一个月才回去一次。可是每次回家，迎接我的都是你高高兴兴的一声："姐，你回来啦！"

你会在晚上睡觉时偷偷从衣柜里拿出一个你的旧书包，摸着黑打开，满是妈妈口中的"垃圾食品"。妈妈从来都不许我们吃零食，她说那对身体有很大害处，可是身为孩子的我们，又有哪个不喜欢吃包装精美又好吃的零食呢？

你说，你攒下了妈妈平时给你的零花钱，偷偷买的，等我回来一起吃，你知道我就是对"垃圾食品"百吃不厌。

大概是那时候，我们终于有了姐妹之间该有的亲密关系，我开始觉得你其实并不是我的敌人。

你上初三时，我正好大三。我们都面临着人生中很重要的一个时段，我开始为我以后的人生道路打算，也同样地在为你是否能考上重点高中而焦急。

这时候的你已经走进了"叛逆期"，但你一向比同龄人沉稳懂事，就连"叛逆"也是叛逆得那样温和，不过是顶几句无伤大雅的嘴，或者独自生着闷气。那时候你不听爸爸妈妈的话，却唯独听我的话。我叫你做什么，你从来都不会说什么，只是闷声去做。

有时候我又会变得很八卦，开始问你学校里有没有小男生追你啊，你跟同学之间的关系怎么样啊，你跟谁最好啊之类的没营养问题，你每次都是翻着白眼耐着性子回答我：没有。不错。"×××。"

"无聊。"我总是翻个白眼，转过身去睡觉。

那时候我们俩住在一个房间，因为习惯问题，我总是睡得很晚，于是每天晚上我都拉着你讲很多的话，还会翻来覆去地问你一些无聊的问题（参考上一段），也会鼓励你一定要好好学习，去考很好的学校，去结识很优秀的人，以后大学也不用跑得太远，去C市就好，我也在C市工作，周末的时候我还能带你出去玩，以后我们努力赚钱买一所大房子给父母。只是每次的结果都是我把自己说得热血沸腾，而你早已经不知道什么时候睡着了。

这一年的你突然开始飞快地生长，身高、体重，都隐隐有要超越我的迹象，于是和你比谁个子高谁腿粗又成了我的兴趣。

像是要报复小时候你欺负我，从你懂事起似乎就一直受到我的压制，我懒，可是没关系啊，你勤快。我叫你去超市买零食，叫你给我倒水洗水果，叫你刷碗拖地，甚至叫你帮我写过作业。这么说来，我这个姐姐做得真是不称职，该打该打。可是你从来不会说什么，对我的要求总是照单全收。

去年寒假，到了晚上睡觉的时候，我依旧扯着你问些无聊问题，我问你，你有没有觉得自己的姐姐很棒。

你显得特别无奈，大概是你已经很困了我却仍旧拉着你说话的缘故。

你说，你觉得我很棒。后来你想了想，又补充说："姐，你是我的骄傲。"

我哈哈笑了几声，终于放你去睡觉了，可是转过身来，我却睡不着了，漆黑的夜里，我忍不住流下矫情的眼泪。那天已经是假期的最后一天，一想到分别，我就觉得非常难受。

最初离开，你会在家门口陪着我直到我上车，每次我上了车，还没等跟你说些什么，你就转身跑回家去，我知道，你大概也是要哭的。后来的几次分别，你便不再送我了，但我知道，躲在家里的你，还是会哭的。

我也会哭，虽然也是打心底里恨自己不够坚强勇敢，恨自己太过懦弱，就连小小的分离也忍受不住非要流出几滴无用的眼泪。可好在上一次离开，我依旧难过，却不再哭了，我大概终于勇敢了些吧。

我突然想起林海音在《城南旧事》里写的一句话："爸爸的花儿落了，我也不再是小孩子了。"我早已经不是小孩子了，所以一定要坚强起来，一定不能在你面前懦弱，一定要成为你的榜样。

想想小时候，一直把你当作会抢走父母关爱的"敌人"来看待，莫名其妙地恨了你一阵子，但是现在完全不会了。我不大会讲肉麻的话，也不愿意简单直白地表露自己的心迹，但是你啊，我最亲爱的妹妹，你不是我的敌人，你是我的幸运。

我才不喜欢你

孤独少年

我们相差十二岁,所以我才不喜欢你。没有什么比数月不见的人突然出现在面前更惊喜,可更惊吓的是她带回来了一个小baby,叛逆期的我完全无法接受你的到来。这不是惊喜,这是惊吓!

第一次见你,你躺在我的一米八的大床上,那可是我的床!我的地盘!这皱巴巴的小破孩儿居然是我的新晋小弟,开什么玩笑呢?这孩子居然还在我的地盘,我的床上,抱着我的老妈,享受着我的床单的宠爱,凭什么!噢,不,现在应该说是咱们的了。谁能告诉我为什么,不是才一年没见吗,怎么就多了个亲儿子出来了?他们都指着你说:"你们看看这俩孩子多像,跟姐姐小时候一个样,这眼睛,这小嘴巴,这眉毛多帅气,以后肯定是个当大官的。"我就这样被晾在了一边,自从有了你,我的地位就更一日不如一日了。哼，谁要跟这小破孩儿一个样，这么丑这么皱，有什么好看的，还帅气呢！

我才去上了一上午的课，我的地盘就被占领了。这样的我真的无法接受你的到来，我逃了出去。

后来家里变了，到处都是你的东西。你的奶粉，你的尿不湿，你的盆子，你的衣服，还有你的味道。大人见了我再也不摸我头夸我了，所有人都抱你亲你夸你可爱。似乎有了你之后我不能再当孩子了，该像个大人了。这场战争，你赢了，我的地盘，我的爱，我的所有东西现在都是你的了。他们都觉得我应该像个姐姐一样，照顾你。可是他们忘了，不久前我也还是个可以发小脾气、耍小性子的孩子。

我开始要学着怎么泡奶粉，怎么换尿不湿，怎么给软软的你穿衣服，怎么给你放水洗澡……他们说我是大人，我是最大的，我应该照顾你，可是我并不喜欢。有好几次，我偷偷地想戳戳你的脸，你像能感觉到一样，我还没出手你就放声大哭。我真的没有欺负你，可是他们都觉得是我嫉妒你，所以故意的。我才不会跟你这种小破孩儿过不去呢。好吧，其实我真的有点儿吃醋了。有时候，听到你在哭我都有一种把你丢出去的念头。

接受你应该是从那一声"姐姐"开始吧。也许是更早，我也不知道。但听到你说出那声"姐姐"我真的被你萌化了。虽然我真的不喜欢你，可我已经不排斥你了。虽然你真的很讨厌，很爱哭，但是自从你走进了我的世界，似乎多了很多东西。我们一起打游戏，一起看书，一起看动画片，一起逛街……看见帅气的衣服总想着给你买，看见你喜欢的玩具也想把它带回家，还想着给你很多我有的和我没有的。血缘这东西就是这么奇妙，我也没想到有一天我会接受你。也许人都会长大吧。

　　2015年7月1日，你开始走上读书这条路，你上幼儿园了。看着你穿着校服特神气地拉着我的手参观你的新学校，才发现你长大了。你奔跑着上学的背影，让我突然很怀念客厅那个咿呀学语叫姐姐的小破孩儿，想起你刚来的那天，想起你第一次要我抱抱的样子。不知不觉中你居然在我们家待了这么多年。

　　不知何时我开始记住你的点滴。你是唯一一个记住我生日的人，连我自己有时候都会忘记。我的手机有你从小到大的照片，有你爱玩的游戏，有你喜欢的歌，有你每个时期的偶像的照片，我的心里有你。有人说，陪伴是最长情的告白。这些年好像不是我在陪你长大，而是你教我成长，从一个有点儿自私的姐姐，变成弟弟控。

　　今天你已经四岁了，再也不是那么容易欺骗的三岁小孩儿了。也许再过十年你会长得比我还高，你再也不会追着我拉着我的手去买糖了，我也不会再是你的保护伞。有一天也许你会恋爱，会失恋，会有自己想要保护的人，你会忘记小时候的信口开河。

怎么办，我已经开始怕你会长大了，长大了的你会像所有的大人一样丢掉很多东西吗？长大之后，再也没有一个小屁孩儿会嫌弃我丢三落四，会用力帮我把丢在沙发上的书包拖回房间了，再也不会有人趁我睡觉偷偷趴在我耳边说小秘密了。如果有一天，你要长大了，一定要告诉我。

我们相差十二岁，我才不喜欢你呢，一点儿都不。不过……

世间所有的相遇都是久别重逢

旻 夕

相遇是在那间文艺咖啡店

2015年5月7日,原本是平淡无奇的一天。那晚临睡前,我刷了一下空间,发现沐子眠的定位上赫然写着我们学校,点开那几张图片,我一眼便认出了那是图书馆前的小广场,连她手里的那杯奶茶都异常熟悉。

从惊喜尖叫再到拍板约会,我和沐子眠姑娘五分钟不到就敲定了第二天的时间、地点。

相遇,是种很奇妙的感觉,明明在约定的地方有很多人,我却一眼就认出了她。粉色线织上衣,一束马尾安静地垂在后面,手里拿着一把雨伞。我毫不犹豫地走到她面前:"嗨,沐子眠。"

我带她去了学校最文艺的咖啡店,在铺着碎花布的小桌上,各自手捧一大杯芒果汁聊天。聊了好多作者,惊奇地发现陈勋杰、巫小诗去台湾做了交换生,季义锋上过《职来职往》,王宇昆上过《一站到底》;对蓝格子、二笨、小太爷这群黑马表示佩服。一本小博,我们可以从天南侃到地北,明明都是一群分散在各地的孩子,未曾谋面,却格外熟悉。

我送了一本书和一张明信片给沐子眠,她说:"对写字好的人天生有好感。"我冲她一笑,在心里煮了一碗鸡汤:不因为你的粉上衣,不因为你的马尾辫,不因为你我共同味道的芒果汁,只因为你是沐子眠。从第一眼,我便对你好感爆棚。

她是来参加一家青旅的一周年纪念日,一个月后,我也去了那家青旅。见到了沐子眠说的那只叫Mounty的呆萌狗,在深夜十二点和朋友玩桌上足球,看遍了墙上所有的照片、明信片以及杂七杂八的东西。拍照片给她时,她大呼惊叹,要不是老板去了厦门,我定会从老板那里了解更多关于沐子眠这个姑娘。

久别重逢之后,就是一场绵绵又无期的不散筵席,在某一刻我们直接或间接产生交集,都会为再次见面积累更浓的期待。

相遇是有梦就一起走下去

你说你找到一处地方安存梦想，于是我们一群人跑去和你建造梦想。你在南国，我在北城。我赠一扇海风味的窗，你添一片江南水乡的瓦，我们的相遇就在这一窗一瓦中。

2015年2月的寒假，蓝格子创建了一个叫树夏的APP，邀请我们这群有差不多梦想的人给她供图供稿。几个版块搞得像模像样，长小说、乐评、影评、每日一图。

早起跑步，经过几块落满红叶的石头，觉得有意境又折回来拍一张照片，取名叫"早安你好么么哒"。然后发给蓝格子，隔天它就出现在每日一图上。

没有稿费，没人催稿，不关注访问量，只是纯粹地写心情写文字，那个假期具象成了树夏，树夏是蓝格子的孩子，那我们都是它的七大姑八大姨。

假期结束，树夏也告一段落。蓝格子写了一篇文章致谢我们这群陪她做梦的人们，从开始这可能是她的梦，但做着做着就成了我们自己的梦，每天不经意间就打开了树夏，看着自己的故事打动别人，再被别人的故事打动。陈勋杰迟迟不交稿，跑去嘲笑他懒癌晚期。几天后，他就甩几千字来证明他战胜了病魔。

听她喜欢的歌，看他推荐的电影，可能在声波传递时，同样的旋律也在另一个人耳边萦绕，暂停和播放，定格在不同的屏幕上是相同的画面。

在假期尾声，收到了蓝格子寄来的明信片，她说："有梦就一起走下去吧。"

前几天，我采访了一个音乐天才，"在这个世界，只有少数人能找到自己的梦想，在追梦路上有天赋的人更是少之又少。这是一种幸运，不能不珍惜。"这样看来，我们或多或少都是幸运的人，可能多年以后，我们走的路和想走的路成了歧路，也会为曾经的一腔热血，为没有辜负拥有的幸运，而深受感动。

相遇是认识你的朋友，听她说起你

六度分隔理论指出：你和任何一个陌生人之间所间隔的人不会超过六个，也就是说，最多通过六个中间人你就能够认识任何一个陌生人。

身为一个北方姑娘，选择南下，只身一人在陌生的城市生活四年，我再如何女汉子，也害怕形单影只的寂寞。

庆幸在开学前，就认识了一个直系呆萌的大三益友，从我到他，中间经过了三个人，其中之一便是陈勋杰。

刚开学，见到益友和六度分隔理论中的其余两人，其中一个学姐和陈勋杰是高中同学，听闻两个人的关系也是不错，一见面就会互掐。于是，她拉着我就开始八卦他的黑历史。

在我之后的某条说说下面,是我和这个学姐的对话,陈勋杰在下面评论说:看到你们俩聊天,这个画风略醉。

原本约定我去厦门他带着我玩,后来又计划他来南昌我带他浪,每次都差那么一点儿我们就见面了。

今年年末,和那个学姐的室友一起吃饭,"听说陈勋杰去台湾做了交换生,他文笔也很好,很优秀的一个男生。"

谁说相遇就必须面对面,你伸手寒暄,我握手言欢,或许是你袖口别的那颗太阳恰好温暖到我,让我觉得你是个不错的朋友。但我是从别人口中了解的你,由黑历史和赞赏拼凑出的一个完整的你。

世间所有相遇都是久别重逢,当我在人群中发现你,冲你转头一笑时,希望看到你亲切的笑容里藏着暗号:我们都是小博的孩子,不论曾经,不言未来。

时光静无声

孟卓钺

"日出入安穷?"

遍观乐府,汉武帝的这首诗被放在了首页。而我,似乎被它的词句打动,心头那些未曾说出的心里话,行云流水般溢出。

1

放假回到外婆家,下午两三点钟,阳光和煦春风暖暖,我翻出本闲书懒散地看,却忽然发现有一丝不对劲。

"外婆,你怎么没出去散步呀?"我把头探出卧室,外婆倚靠在沙发上,把近乎贴在眼前的报纸放下,浑浊的目光对上了我的眼神,缓慢地反应了几秒才慢悠悠地开口:"外婆走不动了,就不出去啦!"

我心有疑虑：从前外婆到了下午就和自己的老伙伴们在楼下散步，哪怕寒冷的冬天也是如此，可是现在春天了，怎么就不出去了呢？

我紧皱眉头，把身体缩回到卧室，不经意地发现外婆家的窗台上竟然有一丝黯然的灰尘，外婆可是最勤劳干净的呀。

忽然，她的那句"走不动了"漫上我的心头，像三峡夏日的江水漫上了丘陵，沿溯阻绝。我没来由得一阵心酸，不争气的泪水开始在眼里打转儿，想说的话如鲠在喉，"原来，时光过得这样快，您也已经老了。"

2

那时未曾出口深埋于心的话直到那天像深埋地下的酒又重新被挖掘出来。

"快帮我看看，我的头发乱吗？"中午走进卫生间，女同学们叽叽喳喳地在镜子前整理发型，因为要拍毕业照了。

毕业照？我的记忆还停留在小学稚嫩生硬的笑容上，读到初中，对照片的印象也是胸卡上那一本正经的表情，可没想到——时间真快，竟然快要初中毕业了。

有班级在门口贴了倒计时板，那夸张放大的指针，不断变换着数字。每每经过都满身紧张震颤，而后顿感辛酸，不由得快速加大步伐，三步并作两步赶到自己的座位上，摊开书本认真甚至疯狂地解每一道可能考试的题，心里反复对自己说着那句："要加油，要珍惜时光。"

3

"日出入安穷？时世不与人同。故春非我春，夏非我夏，秋非我秋，冬非我冬。泊如四海之池，遍观是邪谓何？"在百代过客间，万物逆旅里，看到好多，经历好多，感慨好多。可是我想说的心里话却寥寥，不过是"我多想珍惜你，时光"！

我的神仙姐姐

温不柔

神仙姐姐何许人也？普天之下，能让本神婆称其为仙女的人，除了肖婷，再无其二。

神仙姐姐之所以被称为神仙姐姐，其中最大的一个原因就是颜值高。该仙女肤白貌美气质佳，而且十分注重外在的包装和保养。洗脸要用什么水，妆前需要什么乳，吹头发要用什么角度等各种护肤知识熟练程度不亚于背诵其身份证号码。而且神仙姐姐追求美貌的败家程度简直令人发指，虽然说不买奢侈品，但衣服寄了好几箱回家还是放不下，最后把床铺活活变成了衣帽间！虽然拥挤些，但小龙女尚且可以在一根绳子上面睡觉，更何况是能屈能伸能变身的神仙姐姐呢？

神仙姐姐本身皮肤就很白，那白花花的小手臂跟大白腿比十两雪花银还白，活脱脱现实版的"白雪公主"。一般人都觉得这样已经特别完美了，可神仙姐姐说了，她要继续更白更美！美是无止境的，追求美的道路更是无止境的。外加一个做韩国护肤品代购舍友的神助攻，随着白花花的银子的流出，神仙姐姐果然越来越白了。

说完了肤白貌美，说说神仙姐姐的气质吧。神仙姐姐气质偏向于那种大家闺秀，有种让人疏离但朱唇一笑却想要靠近的美。步伐轻盈而缓慢，齿笑而不露，目亮却柔似水，加上那强大的衣帽鞋包储备，走在路上的神仙姐姐，像是做了随时都摆好了姿势要被人360度偷拍无死角还要美得可以拿来做屏保的特技！所以，每次跟我们同时出门去上课的她，总是会因为太过于缓慢的步伐，而被我们遗忘在脑后。每次神仙姐姐姗姗来迟到教室的时候，我跟其他好友的耳边都会自动脑补播放某一网络名曲："一步、两步，一步、两步，摩擦！是魔鬼的步伐！是仙女的步伐！"

神仙姐姐来自福建宁德古田，传说是一个很注重养生的地方，再加上仙女家是倒腾菇类生意的，所以神仙姐姐先天修仙养生条件非同于其他的凡夫俗子。神仙姐姐曾经创下在校两年半不吃食堂的纪录，这就是现实版的不食人间烟火啊！不过，我们偶尔也会调侃她为巫婆，因为她不吃正常人的粗茶淡饭反而在宿舍非法炮制黑暗料理并食用任何无添加油盐酱醋鸡精等调料的"养生餐"！其难吃程度曾一度让本人以及其他舍友认为是中药，神仙姐姐虽热心分享，但众人嗤之以鼻。本人不幸尝得一回，那味道简直哽在心头口难开,让人久久不能忘怀,让我瞬间明白什么是"好奇心害死猫"。

俗话说,"近朱者赤,近墨者黑",在神仙姐姐的"玷污"下,我从一个五大三粗的金刚葫芦娃,变成了一个也爱养生并且热衷于动手炖粥的小厨娘。当然,黑暗料理不是谁的味蕾都能够承受的,我走的还是大众都能接受的美味路线;我从一个只会用自来水随便冲脸的护肤白痴,到现在讲起护肤经来头头是道的护肤小达人,甚至走上了撒钱护肤臭美并以此为谋生之道的不归路;甚至只要我发了仙女舍友的照片,没啥事无人问津的空间,访问量也"噌噌噌"地突破三位数,刚开始还没有一点点防备,后面就习以为常了。

当然,人无完人,仙无完仙。神仙姐姐自然也是有一些让人无语的系统漏洞的。比如她水瓶座自带的跳跃性思维再加神仙姐姐习惯性地丧失逻辑,跟她聊天聊着聊着就开始崩溃懊恼觉得"人仙殊途"而头脑脱线到不得不中断。熟悉神仙姐姐的人都知道,她说话经常颠三倒四、找不到重点,无法自圆其说也就罢了,最搞笑的是她下一句说的话往往会自行推翻自己上一句说的话,并且自我认知很弱,依然头头是道地坑自己,却死鸭子嘴硬打死都不肯承认自己这一缺点。不过神仙姐姐一般也不跟舍友以外的人说太多的话,毕竟是女神,话少点儿就不会暴露自己的缺点还可以营造一种高冷的感觉;比如明明前凸后翘身材比例极好，又整天嚷嚷想要身高一米七五飞机场瘦扁担那样国际名模的身材，然后动不动就幻想如果她能够再长高十厘米跟墙壁一样白的样子……其实神仙姐姐也曾经有过一段黑暗史，刚刚开始接触化妆的时候，也是只能把BB霜抹得比别人要匀称点儿，那些稍微高难度的眼线腮红画眉等等也是闹出了不少笑话。不过在每天起早贪黑的"抹、擦、抹、擦"下，慢慢地走上了美丽的康庄大道。

"士为知己者死，女为悦己者容"，悦神仙姐姐的人实在太多，当然其中也包括了仙女自己。刚开始我们夸她美的时候，她还会很谦虚甚至带有点儿不自信的娇羞说"哪有"，到后面我们才发觉她自恋的等级步步紧逼，突破天际，她经常看着镜子里的自己各种微笑，旋转，回眸，时不时还会发出"我要被自己美到了"的赞叹。不过这点也是我更加喜欢她的原因，如果仙气太重盖过了人应该有的傻样就不好了，偶尔犯二的神仙姐姐反而更加鲜活了。不要觉得神仙姐姐的光鲜亮丽是与生俱来的，就像古代的三寸金莲一样，都是经过巨大的付出才能够步步莲花。神仙姐姐为了变瘦变白各种昂贵的保养品都舍得买，多难吃的养生餐都吃得下……所以说，做仙女难，做美丽的仙女更难，做一个想越来越美的仙女更是难上加难！

说到现在，大家有没有想看我仙女舍友的真容啊？要不要联系方式啊？十块！统统十块！支持支付宝转账！买定离手啊，哈哈！

抬头仰望星光

比如，我想念你的方式

傀儡娃娃

我今天看到阿襄发的一条微博，她发了一张你所在城市的照片说："我的老故在等我。"下面都是鼓励和祝福，我也说了一句"加油"。阿襄说："谢谢啊！"然后我就整个晚上都在回忆你，回忆到快发疯……

你和阿襄在一起快一年了吧，你到了别的城市读大学，阿襄留在原来的地方复读，那你知不知道我跟你在同一个城市，只是街头与街尾的距离。

你记得你高一的时候对我说过的话吗？你说，以后我们一定要在同一个城市读书。誓言这种东西无法衡量坚贞，也不能判断对错，它只能证明在说出来的那一刻，彼此曾经真诚过。

我一直深信不疑，我一直深信当时的你真像他们说的那样，很喜欢我。

如果我说我也曾那样喜欢着你，你一定会觉得好笑吧？你的兄弟包括你都以为我那么讨厌你，讨厌到根本不愿意跟你多说一句话，讨厌到每次你跟我打招呼我都会一走了之，讨厌到你跟我告白可是我却当作玩笑甚至和别人在一起……

你知道老师和同学都说你有多不好，那你知道我对最好的姐妹说过"纵然你有千般不好万般不好终究是我喜欢的人"吗？

高一我们初识的时候阿襄就坐在你前桌为你出谋划策，高二你们又同班我却分在隔壁班，听别人说起你们关系多亲密，听老师说你和阿襄才应该在一起我不可以去招惹你这种人……

我知道，你没有他们说的那么不堪，你爱吸烟，上课睡觉，整天捣乱，可是每次过来跟我说话的时候都会去嚼口香糖，然后我要求你第二天只能睡一节课，你也听话地照做，每次你想捣乱也会看我的眼神……

就因为那个早上，阳光静好，你来到我的教室，站在教室门口的微微一笑，我就忽略了追我三年的那个人，忽略了每次给我送早餐的前面的男生，忽略了一直打电话来的前任，忽略了生日收到的几十份礼物，忽略了老师们的担心和同学们的关心，义无反顾走向你，可是我听到你说："我和阿襄在一起了……"

现在我遇到更多的人，我以为我忘了以前的事情，可是回了一趟高中，看到一条她的微博，她那么亲切地叫你"我的老故"，我便彻底失眠。

唱那首年少的歌

趴趴熊

1

我后来一直在想,如果当时我没有说过那句话,是不是我们之间就不会走到如今的地步?

只是,很久很久之后我才明白,一万句真话,都挽不回一个谎言。

2

我从蛋糕店出来的时候,外面忽然下起了瓢泼大雨,我转头便又扎进了旁边一家音响店里。音响店正放着一首歌,那是我们熟悉到不能再熟悉的《一个像夏天,一个像秋天》，我就像是被施了定身术般动弹不得。

我记得，上次我们一起唱这首歌，还是在三年前。

三年前，我们高中毕业，一起去KTV唱歌庆祝，你说，我们就像这首歌里唱的，一个像秋天，一个像夏天，所以我们一直都要这样好好的，永不分离。我们还约好一起上同一所大学，一起交男朋友，一起结婚，一起生娃娃。

那个时候，班上的同学看到我们，都说我们好得像连体婴，吃饭一起，做操一起，逛街一起，连上厕所都是一起。

3

我们是怎么认识的呢？

高一分班，大家早早就去新班级占位置。我到得很早，于是在看好的位置上用粉笔写下大字宣示主权，之后就大摇大摆地出去买零食。我没想到，等我再回来时，我看好的位置被人坐了，那个人，就是你。

我记得我们为此吵了起来，战况无比激烈。要不是班主任及时赶到，我想我们大概会打起来。

结果没想到班主任不仅无视了我们之间的水火不容，还直接将我们硬性安排做了同桌。

然后我们从此开始了"三八线"的同桌生活，就这样我们互相看不顺眼地度过了整个高一。如果不是你后来主动对我伸出援手，恐怕我们就会这样老死不相往来直到毕业。

高二有次上课我胆结石发作，痛得死去活来，脸色发白。当时我整个世界都是灰暗的，我以为会这样痛死过去。就在我头晕眼花的时候，我听到一个脆生生的声音说："老师，W好像生病了。"

我微微侧头看你，就看到你焦急的表情，很生动，就像正在经受苦难的那个人是你。心里一直坚硬的壁垒就这样裂出了一条缝。你跟着几个男生一起将我送到医院去，那一路上，我虽然一直没说话，但我知道你一直在喊我的名字。

大概是那个时候我的样子太恐怖，确实吓到了你。后来我问起你当时是不是一直喊我，看到你别扭地点头时，我忽然觉得其实你也没那么讨厌，反而很可爱。

再后来，你帮我一次，我帮你一次，"三八线"就在我们的频繁互动中一点点消失。我们互相学习，一起组织复习小组，我们倾听彼此对未来的计划，我们的关系越来越好。

放月假一起去学校外面采购日用品时，忽然听到了一个小影音店里的歌，正是《一个像夏天，一个像秋天》。你站在门口不走了，我回头去找你的时候，才发现你正在听这首歌，然后你冲我笑。你说，你就是夏天，我就是秋天，虽然我们不同，但我们却总能把冬天变成春天。

我们约好毕业的时候送彼此一张CD，你一张，我一张，来纪念我们的友谊。

4

有一次你过生日，我早早地便开始为你准备礼物。那个时候都是穷学生，钱不多，每天除了早餐费，几乎都没有额外的零花钱。我每天只花五毛钱啃馒头，剩下的全都存起来。导致我后来看到馒头就要吐，你皱着眉骂我浪费粮食，我也不跟你计较，只是傻傻地冲你笑。你便也跟着我笑，将你的牛奶分我一半。

就这样，我足足存了三个月，才凑够钱给你买了一件衣服，那是我看了很久，第一眼看到就觉得适合你的衣服。我还记得你当时收到礼物的时候哭了，那是我第一次看到你哭。

那天晚上，你跑到我的宿舍抱着我睡，你说，从来没有一个人对你好过。我拍拍你的肩膀，告诉你，以后除了我，还会有更多更多的人对你好，于是你又哭了。你总说我是热情如火的夏天，而你是冷漠干燥的秋天。于是你用坚强伪装自己，用冷漠保护自己，跟所有人保持距离。人人都说你高冷，可是只有我知道，你并不是。你看，你这么容易满足，你在我面前总是轻而易举地卸下所有防备。

5

　　你有时候对我特别严厉，尤其是在我想要偷懒，不愿意认真学习的时候。你总会拿着一沓试卷，陪着我做到很晚。你说，我们以后是要上同一所大学的，我们以后是要永远在一起的。你不断对我说这句话，让这句话像是个承诺在我心中生根发芽，长成蔚然大树。我理所当然觉得，我们以后会永远像现在这样要好。

　　我没想到，那个时候，我会遇见另一个人。我简称他为Z先生，我特别特别喜欢他，几乎所有的心思都放在了Z先生身上。

　　我不敢告诉你，我怕你骂我。

　　我瞒得千辛万苦，可是你后来还是知道了。

　　你不说话，只是拿着我给Z先生写的一沓情书哭。我当时正在庆幸我的情书上没有署名，你不会知道是谁。没想到你的眼泪，就像是千斤巨石般压得我喘不过气来。也许是你很少哭的缘故，也或许是我本来就很心虚，当你用最冰冷的语气说着最伤人的话时，我几乎要被悔恨没顶。

　　你说："W我对你太失望了，我不想问你那个人是谁，我只想问你，我和他，你选谁？"

　　亲爱的姑娘，我从来没有跟你说过，你是你，他是他，如何选择，怎样选择呢？

可是那个时候，我看着你通红的双眼，我说，我当然选你。

为了友谊，我选择放弃了Z先生。

6

我们顺利地高中毕业，我们在毕业聚会上哭得声嘶力竭，我们愉快地上了大学。当我得知Z先生跟我上了同一所学校时，我兴奋得几乎一整晚都没有合眼。我拉着你絮絮叨叨地说着我跟Z先生的故事，说我们的相遇，说我心里的小欢喜。我唯独没说的是，我只是一直在暗恋Z先生。

Z先生从来不知道，我给他写过情书。

大学生活丰富多彩，你似乎也找到了你的舞台。我们在一起的时间越来越少，你就像是一颗被打磨好的钻石，在阳光下熠熠生辉。

当我看到你挽着Z先生的手出现在我面前，告诉我，这是你的男朋友时，我听见我心碎的声音。

这世上最狗血的剧情发生在我身上，而我还要强装镇定，一整天我都魂不守舍。我才知道，我的Z先生来这个学校，是因为他一直仰慕着你。

晚上，我们一起去KTV唱歌，唱的还是那首歌。

你大概太开心了，拉着我和Z先生喝酒。后来你喝醉了，你迷蒙着双眼问我："W，你告诉我，你一直喜欢的Z先生是不是他？"

我该怎样告诉你呢？说是，你痛苦，说不是，我痛苦。与其三个人痛苦不如我一个说谎。所以我对你撒了这辈子第一个谎，我说："怎么可能？"

看到你放松下来的眼神，我的心却越来越紧，我想哭，却没有眼泪流出来。只觉得那些酒越喝越苦，到最后我已经记不清我喝了多少。

我只记得我对你和Z先生说："祝你们幸福。"

7

我说了一个谎，然后用了无数个谎去圆，到最后，我发现，那些谎言连我自己都骗不了。

而你，肯定也发觉了我的谎言，否则后来你又怎么会跟Z先生分开呢？

我不知道那个时候是我们太年少无知，还是后来岁月太过无情，抑或我们心里对彼此都有了芥蒂。

总之我们两个渐渐走到了岔路口，然后背对着彼此，渐行渐远。

只是，街角那家音响店里还在放，我们一个像夏天，一个像秋天，却总能把冬天过成春天……

仿佛一切都不曾改变。

独 角 戏

翁翁不倒

1

我在学校的篮球场第一次遇见他。

彼时正是兄弟学校篮球联赛的日子,下午不用上第九节,同桌欢呼着可以去看男神打球了。

她神速收拾好书包后,硬拖着我冲向篮球场。可惜,去得太不是时候了。

我嘀咕:"人多着呢,你这小身板挤得进去吗?"

同桌特别神秘地笑,扯着我在人群里到处蹿,有人看到同桌后疯狂挥手,同桌拉着我火速冲过去。

看!我早让别班小伙伴占位了!

"你占的位真好,就在垃圾桶旁边!"我白了她一眼。

从书包里找出眼镜戴上。不戴的话等下只能看到一团团的影子在跑来跑去。

球赛很快开始了。

同桌兴奋地给我指她的男神,我找了半天没找到,她气急败坏地说,就是红队的十八号啊!

十八号……

找了一圈还是没找到,倒是让我注意到了八号球员,完美的传球、运球……到最后一记漂亮的三分球,全场欢呼。

他看了一眼场外,突然弯了弯嘴角狡黠地笑了一下,露出一个小酒窝,像只小狐狸。

我愣了一下,裁判员已经宣布中场休息了。

他走下场,在休息处拧开一瓶水,咕噜咕噜地灌,可以看见喉结上下微微滑动。

我呆呆地转回视线想问问同桌他是哪个学校的,却见她已经没有在犯花痴了,而是一脸八卦地看着我,"哈,还以为你没有男神呢,原来你男神是七班的严子琰啊,嗯,眼光不错!"

我到嘴的一句"他是……",瞬间变成了"神经病……",默默拧开自己的杯子喝水。

七班的严子琰?

我又喝了一口水,盖上杯子。

水慢慢地滑进喉咙，渗进心里。好甜。

好像小时候偷偷吃进肚子里的西瓜子要悄悄地发芽，然后在头顶长出一颗西瓜。

2

绝没想到那么快又见到严子琰！这时我才知道，他每天放学后都会到操场打球。

嗯，锻炼身体，真是个好习惯呢！

我记得自己好像计划着每天放学要到操场跑步的呀！都计划好了，总不能拖到明年吧对不对？我愉快地做了决定，把跑步提上日程。每天准时冲到操场，想见的人已经在。

我放了书包，开始沿着跑道慢悠悠地跑着，时不时瞄一眼他的身影。

嗯，我跑我的步，你打你的球，我们互不相干对吧？很好很好。但是一颗球朝我飞过来了，我完全愣住了，不知道该躲还是该站在那让球砸。直到篮球擦过我脚边与大地亲吻，发出一声闷响。严子琰就站在篮球场中间，冲着我大喊，"对不起啊同学，麻烦帮我把球扔过来好吗？"

捡球？

哦，捡球！

3

捡过几次球后,我们渐渐熟络起来,有时他不打球也会和我一起跑跑圈,我看着地上一前一后有着交集的影子,就忍不住在心里傻笑,也不看路,直到撞上前面已经停下脚步的严子琰的后背。

他转过头皱了一下眉,"你没事吧?""没事没事!"我猛低下头,脸有迅速升温的迹象。我们加了QQ,我发现他原来是个酸控,和我一样!

他最喜欢吃的糖是小样……我也是……

他喜欢葡萄味的,我喜欢柠檬味的。

真好啊!

4

跑完五圈才想起物理课本没带,但是已经没力气再爬七楼回教室拿了。

严子琰特别爽快地说自己带了,从书包里拿出课本递给我,有些腼腆地笑,课本画得有点儿乱,别介意啊!

终于摸到男神的课本了!我回到宿舍,特别虔诚地翻开严子琰的课本,突然翻到一页夹着东西,是一封信,准确地说是一封情书,淡粉色的信纸,带着淡淡的香味。有只疯狂的小鹿在心里到处乱窜，我感觉心要从身体里蹦出来了。

因为这件事，我好几天不敢到操场上去了。后来想起借了人的课本还没还呢，只说我只是去还课本啊，我也不想出去的啊。这样想着，一放学我就跑去篮球场，但是没看到严子琰本人，倒是看到他们班的同学。只好把课本交给他，让他拿回给严子琰了。

5

一旦做了决定，可以轻言放弃吗？请回答不可以，谢谢合作。

我义正词严地批评了自己半途而废，又开始跑步。只是再没在操场上看到严子琰，有人打球，但都不是他。难道是因为那封信吗？不可能不可能。大概是天气太冷了才没来。

现在都踩在一年的尾巴上了，圣诞节快到了呢！

6

解决温饱后回学校，边进校门，边撕着刚买的糖的包装，突然有零碎的字符飘进耳朵。

我的脚步不自觉慢了下来。

"想吃什么?"

"呀,我们去吃关东煮吧!"然后是女孩儿的声音突然变得俏皮"诶,平安夜你要送我什么礼物啊?苹果就太没创意了……"

"哦?那把我自己送给你吧。"

"我才不稀罕呢!"然后是女孩儿银铃般的笑声。

站在原地听了那么久,我才发现这是熟悉的声音。猛地抬起头,果然看见预料中的人走近,身边跟着一个娇小的女生,俨然一对璧人。不知出于什么目的,我假装不经意地大喊,"嘿!"他抬头,有一瞬的惊讶,随即笑开,"啊!好久不见!"

语气没有不自然的成分,搭在女生肩膀上的手也没有挪开。

倒是女生从他身边蹿出来,"你好啊!"

"哈哈,好久不见,吃糖吃糖。"我从袋子里抓了一把小样给她,柠檬味,我的最爱。

互相问候过后,他们离开。

我撕开一颗糖的包装,放进嘴里,咀嚼。

柠檬味,我最喜欢的口味,怎么今天变得这么酸,把牙都酸倒了呢?

7

严子琰不再出现，我还依旧跑着自己的圈。开始对曾经最讨厌的运动有好感，因为我发现跑步让我的脸看起来越来越红润，脸色看起来越来越好，身体越来越不怕冷了，精神也越来越好了……

唯一有点遗憾的只是心中的少年已经不在了。

我一直奇怪为什么球技很好的严子琰会频频投篮失误差点儿砸到我？

为什么我们跑步跑着跑着我总能撞上他的后背？

为什么借课本给我的时候他要笑得腼腆？

为什么我会看到那封信？

圣诞节过后严子琰来班上找我，他依旧腼腆地笑，他说："你上次有看到我物理课本里夹的东西吗？"

我说："没有，是什么？"

"情书啊，跟女神告白用的。"

"哈哈，那祝你早日找到！"

那封信的确被我拿走了，但是没看，被我藏起来了，也忘记藏哪里了。

大概嫉妒心作祟吧，不想那个女生看到那封信，不想他们在一起，至少别那么快。

8

　　天气开始变暖了,严子琰又回到篮球场上,有时不打球还是会和我一起跑圈,顺便说说他的女神以及他后来重写的情书。

　　我一不留神依旧会撞上他的后背,他回过头问一句,"你没事吧?"

　　笑得依旧腼腆温暖。

　　我说:"没事啊。"

还有寂寞和快乐

养 分

秋天的太阳还在滚烫地照耀着，校道花圃里的花草已经开始由外及里凋零枯萎，广播里的歌曲停留在那句：一边失去一边在寻找。我撑着太阳伞想快点回到教室。

看着一大群嘻嘻哈哈的高一新生迎面走来，忽然惊觉，我已经高三了。

想起上高三前一天，青梅竹马的九日最后一次邀请我到KTV开启嘶吼模式，庆祝他终于逃离高三的苦海到他的大学去，也预祝我的炼狱生活即将来临。五个小时后，我戴着耳机听着《慢慢》上了一个人的公交车，九日朝我挥挥手示意再见，我朝他夸张地大笑。夜行轧马路的都是三五成群的附近学校的年轻男女。

两个月考了四场大考，每一场都很要命，每次考完班里的复读生大师兄都会给我们补点心灵鸡汤益身体。每一场同桌都紧握拳头,我想大概不会再有人比她热忱了。

九日去了比湛江更美的青岛读大学,偶尔会联系我。他跟我说青岛如何如何漂亮,就连青岛的雨他也要用微单拍上几张照片发朋友圈。

我只能望洋兴叹,扶扶眼镜抄起笔继续奋笔疾书。

一个月没有回家了。要是搁以前,我恨不得立刻背上书包疯狂出走。但是我没有,我只有两百多天了,书没背完功课没做完错题本没集完,有太多东西需要我背负起责任。就像妈妈说的,高考让一个稚嫩的孩子开始懂得要肩负起未来沉甸甸的责任。

在海风伴着腥臭味传来的中午,邓子赶来我们班对我说:"以后我很忙,如果时间不允许我就不跟你走了。"

我怔怔地站了好一会儿,然后嬉皮笑脸地想跟她打闹:"你骗我的吧?别以为天天上课我就忘了今天不是愚人节啊。"

她眨着大眼睛点着头,认真地说是真的。

阳光从窗棂一直斜射到桌子上,我尴尬地望着曾我的同桌,我曾对她说邓子不会离开,然后故作轻松地说:"没事,高三,我能理解。"

我现在只能一个人走路、吃饭跟学习。

学校餐厅已经少有人光临,三三两两的人散坐在偌大的餐厅,说话时还能听到说说笑笑的回音。我低头一口一口地把饭往嘴里送，仿佛吃的不是饭，是寂寞。

娱乐圈明星成了女生们的饭后谈资，记得那阵子，"锋菲复合"上了娱乐头条。我心底里也会为张柏芝感到心疼，想着她是如何忍受心底里的那份孤寂感。就像陈医生在《寂寞让你更快乐》里唱的：不知所措的人，我真的心疼。

每天看着邓子从窗边经过，她没有看过来，我却一直目送她的背影消失在长廊里。

九日忙着结交新朋友熟悉大学生活，我却无所事事地想要得到一些慰藉。

每晚还是临教室关灯才走，有时候和同学背上两句必背的古诗词，更多的时候是自己一个人走在有着暗黄色路灯的校道上，瑟瑟的秋风穿过我不算单薄的身体，忍不住用书本挡在胸前。想起跟邓子一起为了不穿校服抢着各自的秋装穿上时的场景，好笑又怀念。

本来心情就不好，回到宿舍看着上了年纪的舍友妈妈坐在椅子上等她回来，就说顾不上自己招呼她。她笑着说带着鸡汤来给小女儿补补，她爸爸还在外面等着。

那时候已经是晚上十一点了，舍友回来时非但没有接过，反而是推托着叫妈妈拿回去。想起她经常在宿舍大喊很寂寞，等到你关心，等到父母亲手再送上那份关心时却开始不留情面。

我终于哭了出来，人越是长大，越爱用"红了眼睛""模糊视线"这些字眼去描述自己的眼泪。距离上一次哭，已经隔了好长一段时间，大家都很忙，没有人在意你过得是否快乐。

秋夜漫过一阵寒，直达心底。我到底还是学会了整理情绪，这是在好朋友离开后不得不学会的。耳机离开耳朵已经好几周了，笔筒里用掉的笔芯不断增加，计算本变得密密麻麻。我一边开着夜车一边骂着镜中的自己是个不折不扣的书呆子，心里只想着高考跟大学了，然后又扶扶眼镜，笑着自言自语，彼此彼此。

但一直想问的还是，寂寞到底是忍受还是享受？是痛苦还是快乐？

每晚必看的是《一个人要像一支队伍》，看着不矫情的刘瑜轻松地阐述孤独与寂寞。

那时候的我，是那么的自卑寂寞又不快乐。但幸好，在感到被全世界抛弃时还有文字做伴。最幸福的或许就是复习完后凌晨码字，有时候灵感突现满意地写上一篇，有时连基本的遣词造句都觉得很困难，一心想把一起经历的故事还原，但却感觉在赋新词强说愁，一不小心就成了怨妇。

老套地说是棱角已经开始被生活打磨得圆滑，逐渐不喜欢那些支离破碎的句子和伤感文字，能静下心踏踏实实看那些用上很多甚至毕生心血去完成的文学大家作品。

回到教室时，同桌已经在安静地写着练习题。

周一的第一节永远是校会班会，但好像校会与我们无关了，只有看着高二、高一的他们在科学楼前集中再分散，像蚂蚁。我在六楼，有点儿恐高。

对面的班级是高二的文科班。他们在狂欢地叫着，"喷他，来来来！""啊，看我不喷回你。""老师，这边，给你水果。"……

我循声看了过去，心想着，浪费蛋糕了。不知道他们为什么搞派对，但却在羡慕着他们年轻，有朝气。

同桌在自习的班会课上哭了，我拍拍她的肩膀，若有所思地说："现在的考试能代表什么呢？要是有能力不想输，那就去战斗啊，哭哭啼啼能让你考满分吗？"

是的，全部卷子在考完后的当天晚上就发了下来，老师改得比机器还要快。

特意换掉了喜欢的靠窗位置，注意力更好地集中在黑板上的笔记，在黑板上写着的距离那个万马过独木桥越来越近的日子。

遇到邓子还是会一起走，没有想象中的隔阂与不安。或许是我们感情太好，或许是我已经开始知道寂寞也是一种享受。邓子说，是应该感受一下的，这才是成长必须经历的。

跟沉默少语又很努力的同桌约法几章不能再玩手机，于是只有在节假日时才跟九日联系一下。在心里默默为自己打气，独自生活确实很糟糕，但是每一种生命状态都需要付出一定的代价啊。孤独不好受，但是熬过才得以快乐和成长。

我跟她不太多话，有时候也会感到孤独，但就像七堇年说的：沉默是成长的标志，而成熟的标志，是如何去沉默。

灵感枯竭时能暂且放下写作为接下来的各级调研试做准备，也在这变化中能理解那种欲说还休的心境。

我渐渐地迈入成年的门槛，然后故事也即将进行到无关两小无猜、你年少我温柔的地步。像是《白夜行》里说的，我的天空里没有太阳，总是黑夜，但并不暗，因为有东西代替了太阳，虽然没有太阳那么明亮，但对我来说已经足够，凭借这份光，我便能把黑夜变成白天。是的，好的坏的都要学着接受吧，因为生活永远不可能是童话，还有寂寞真的可以让我们快乐。

同桌自己去完厕所后拍了拍趴在桌子上想着这些事情的我，轻轻地说："还有很多作业等着你做呢。"

九日发信息来说，坚持下去，其实你并不孤独，至少要把寂寞看成享受，为自己战斗吧，你的大学等着你。

我轻松地笑了，一连打了几个喷嚏。

中午炽热的海风吹了进来，奇怪，怎么不滚烫了呢？

梦 想 啊

晴 晗

　　以前不懂，以为让步只是因为善良，以为没自信只是因为不够漂亮，以为胆小怕事是想改就能改的，然后大段大段的光阴就用来害怕，做白日梦，去羡慕那些有着光环的身影，幻想有一天你也会站在自己想站的位置。你说，尽管你不勇敢，不自信，不漂亮，可是至少你还有梦想，是啊，你是有梦想的。

　　然后就发觉，有些借口说多了也就成了理所当然。你说你的梦想是开家咖啡馆，有咖啡、冷饮、糕点、冰激凌，等等，所以你首先是要学会这些产品的制作方法，可是你的专业是文秘，跟餐饮压根就没有关系，但是你又不是聪明的孩子，你害怕挂科，你心不在焉地上着你的专业课，漫不经心地做着你的作业，偶尔去图书馆借本餐饮类的书来看看，也就是看看，你说反正都没法操作，看了也是白看，然后，就没有了然后，吃饭，上课，逛街，恋爱，睡觉。

两年半的大学生活，你就这样混过来了。然后发现，梦想呢？当初谁说有梦想就了不起的？梦想对你来说，赋予过什么意义呢？它终究没能成为你成长的动力，你还是被懒惰占据，自己将自己沉沦。

你说你讨厌那种光说不做的人，然后，你发现原来真的有一天自己就成了自己讨厌的那种人。

回首，青涩胆小没自信，跟刚进大学校门没什么两样啊，如果非得找点儿不同处的话，那就是英语变得更糟了，钱花得更多了，体重更轻了。丑小鸭都会奋不顾身想变成白天鹅，无奈你还不懂该为自己努力。

也许经历过了的才会深刻。你终于等来了可以自己选择职业的实习，毫无悬念的，你肯定选择餐饮。你欢喜雀跃，你认为实现梦想的日子终于到来了。可是，你很快发觉大多数的美好都只是自己想象出来的而已。满记甜品七天的苦力，卫生从上班搞到下班，泪水满得只要一开口就滚滚而下，你开始拼命想念曾经想要逃离的学校，你开始想见你爱的人，哪怕一眼，刚开始，梦想就被掀翻。你还是那个不懂得怎么跟人相处的孩子，你依旧习惯将自己封锁在自己的世界里。Caffe bene的二十三天，不够积极缺乏沟通。老板说："你有想过放弃吗？那你为什么还不放弃？"现在想想，那是个多么愚蠢的画面。胆小怕事忍气吞声，你连自尊都没有。你与这个世界，格格不入。

可是，难道你就甘心被人这样瞧不起吗？

弱肉强食，这是世界的定律。你做不到让世界来适应你，那你就去适应世界吧！我不要你成为谁谁谁，可是你得有自己的个性啊，让自己勇敢一点点，自信一点点，强大一点点吧！至少应该活得有尊严的。

现在，你一个人待在曾经幻想的一个人世界的房间里，安安静静，外面时常传来人们的说话声、狗叫声、车声，忽高忽低。你要自己一个人生活了，一个人上班，一个人吃饭，一个人学习，一个人照顾自己，你重新整理了一下书桌，你的公共营养师，你的Photoshop，你的毕业论文，还有你的自我成长。这里，是你的梦想重新起航的地方。

你知道的，梦想需要动力来支持，不管之前的你是出于什么原因无法让梦想在逆风中航行，可是从今天开始，无论顺风逆风，刮风下雨，你都必须抓稳舵盘，直面面对，不能逃避不能放弃，因为你已经没有了退路。

昨天，你穿了次自己从来没有试过的卫衣，配了条紧身的黑色长裤和一双新伯伦的运动鞋，照了下镜子，十足的高中生味道。你说："原来卫衣那么好看的，可是都快过了学生的年龄了。可是，幸好你现在还是在路上的啊！"

如果能够遇见你

某某闲来

世间有很许多事都很奇妙。有些时候，你无心招惹，可就会招来一些人，他们对你欢喜、羡慕、同情甚至嫉妒。

刚入学那晚，宿舍里两个青春年少的脸在橙黄的灯光下摇曳生辉。那时的我们没有嫌隙，虽然陌生，但可以自由吐露各自对校园生活的美好向往。你说，你只求在校学习，不交友，不入学生会，不当班干部，安安静静过完高中三年就好；你说初中三年的干部生涯令你力不从心，以致差点与这所重点高中失之交臂。

上帝是个爱开玩笑的小孩儿，你所有放弃的东西统统加在了我身上。

开学第一天，我就被班主任选为团支书，更是因为班干部的关系，阴差阳错进了学生会，此后表现积极，还被提拔当了部门干事。从此,你一个书包背回来,我一摞社团表捧回来;你在宿舍看电影、打怪,我去教室装扮会场开会;你去食堂吃饭也难遇见熟人,我只路过打水招呼却接二连三。终于有一天,你因为一点儿小事和我吵架。我没理你,你愤恨地摔门而走,那是你第一次离寝出走。我看着你离去的背影,知道你是跑到其他宿舍求收留。

第二天,你把我告了,向班主任说,我利用班干部的头衔欺负你。当然这一切我是不知道的,鉴于我的好人缘,自会有人告诉我,估计当时愤怒的你并未想到。告密者说:"要不去向老班说明一切。"我摇了摇头,"如果有问题,老班会来找我的。"告密者心疼地望着我,"活该你被她欺负!"我苦笑了下。

我一向脾气温和,朋友很多,交的每个朋友都能真心相待,唯独你,总让我不知如何相处。我不知道为什么你看我的目光变得愈发清冷,就像每天早上醒来,我会对你微微笑,你却从不说早安一样。原来有些东西会越来越远,纵使我们身上缠着千丝万缕的关系。

后来,老班未曾找我谈话。而当晚的十二点,我也收到了你迟来的道歉短信。你说:"对不起。"我回:"没关系。"似乎得到了圆满解决,你并未有意继续寒暄。我鼓起勇气,向你发了条一直困扰心中许久的问题:"我感觉你总是针对我。"良久,就当我快睡着了,手机振动将我惊醒。你说:"为什么你会让我对你有这种感觉。"看完这拗口的文字，我的内心此起彼伏。你的意思很明显，这一场相处的不公平，是我这个罪魁祸首才导致的，真心变成凶手，不免有些凄惨。那一夜，我，无眠。

此后文理分班，我选理，你择文，联系变少了。到了考大学，你南下，我北上，更无任何交集。

其实，对你，我一直耿耿于怀。时至今日，我才深深明白入学当晚你说那段话的含义。当时和你不熟的我，完全忽略了女孩儿总爱口是心非。曾经以一分之差的侥幸让你把责任都归咎于其他地方，而埋没了事情的本质缺点，所以你才会负气地说，你不交友，不入学生会，不当班干部……

如果能够遇见你，我一定会为当初那个稚嫩并无形中伤害你的我深深道歉。

我曾仰望过的少年

Zero

我是Zero，一个学编导的学生。同时，我也是一个转校生。我离开了我生活了六年的土地，离开了我的朋友，孤身一人前往完全陌生的城市。但这并不是我勇敢，而是现实如此，无可逃避。

小天是我在这个城市里的第一个朋友。因为我是转校生，没能及时领取到教材，而小天适时地将她的书推到了课桌中央。

"一起看吧。"她就那样不动声色成功地温暖了我。让我在这个陌生的城市，第一次感受到温情。

往后的日子里，我们常常黏在一起。一起吃饭，一起逛街，一起去学校附近的小书店看漫画书。偶尔也会一起去喝奶茶，而小天总是捧着奶茶杯对我甜甜地笑。我突然想起有人曾对我说过，小天其实是个很漂亮的女孩儿，只是不爱打扮,所以才会看起来有点儿邋遢。

临近冬天的时候,小天开始去琴行学琴。琴行离我家也就是隔了一条街的距离,很多时候,我在琴行旁边的小书店看小说,然后等小天下课,一起去吃东西。

冬天的时候,天黑得很快。我记得我走进书店的时候,天还是亮的。而当一个小时之后,我走出书店,天已经是黑压压的一片了。

后来开始下起连绵不断的寒雨。头顶铅灰色的乌云把整个城市包裹起来,然后密密麻麻地开始浇花。路灯发出的昏黄光线暗得让人心情压抑。

"Zero。"小天站在琴行的屋檐儿下对我打招呼,雨水沿着屋檐儿流下,在和地面接触的一刹那,开出美丽的水花。

也就是在这个时候,我看到了L。当然那个时候,我还不知道他的名字。

我远远地看见他的身影,然后慢慢地焦距成清晰的他。灰色的毛茸茸的毛衣,白色的T恤从领口露出一圈。整个人看上去像阳光一样懒洋洋的温柔,在这样的冷雨夜显得格外耀眼。

他从我眼前走过,然后上了出租车。

"他是谁啊?"我带着一点儿疑惑,看向小天。

小天云淡风轻地说道:"L,学架子鼓的。"

架子鼓啊?我看向天,好像跟自己完全搭不上边呢。

第二天,我开始去琴行。表面上是等小天,但其实是去看L打架子鼓。L打架子鼓的时候，该怎么说才好呢？就像是整个世界都安静了，他就那样沉溺在自己的世界里，只有架子鼓的世界里，然后架子鼓发出节奏明快的音符来。

后来的琴行里，出现了小天练习钢琴，L打着架子鼓，我看书的画面。时光就这样不紧不慢地缓缓流过。

然后，春天就这样到来了。杨花大片大片的，随着风飘荡。学校后山的野草发疯似的疯长，一如我小小的少女情愫。

我喜欢L。我看着少女漫画里的恋爱情节，幻想着我和L的浪漫故事。

现实和漫画是不一样的。我在温和的春日里，却觉得无比恶寒。

那天L来问我，小天喜欢怎样的男生时，我就知道，在这一场漫长的暗恋里，我终究是输了。我握紧我的衣服，强忍住我眼眶里快要溢出来的水分子。我不知道我是怎样回答的，只是看到后来L和小天开始了交往。在我看起来无比狗血的，喜欢的人喜欢上自己的好朋友的情节，就在现实生活中上演。我也才明白，什么叫艺术来源于生活。

那一段时间，我没有再去琴行，也没有去书店，我就窝在家里，听歌，看书，独自伤感。

最后，我们毕业了。小天和L去了音乐学院，我去了另一个城市。而L，那个我曾仰望过的少年，我却始终没来得及和他说一句"再见"。

致年少的你

沐子眠

在浏览QQ空间的时候看到一个很久没有"冒泡"的小学同学突然发了一条状态,内容有些矫情,我禁不住在心里感慨曾经的呆瓜现在都成情圣了啊,当然,不排除他发出来的内容是从别的地方复制过来的。

应该是小学四年级我们俩同桌,那时候的我成绩倍儿好,仗着老师们喜欢我,各种恃宠而骄到处欺负同学。想想小学那会儿,成绩好大家都愿意和你玩,买了好吃的还主动分给你吃,跳绳的时候双方都抢着要你加入她们组,总之现在想起来,小学时代似乎成绩好的人在什么事情上面都占尽优势。

我的小学生活因为成绩好一直过得顺风顺水,儿童节文艺会演的时候我特别想去参加,但是老师一次都没有选过我,因为我长得不漂亮。十多岁的女孩子早就已经懂得了分辨美丑和老师不选我参加节目的理由,只是那个时候并没有像现在这样因为容貌而有些自卑,而是一直对那些能被老师选去表演节目的同学打心眼里羡慕,没有现在所说的嫉妒恨,只是单纯的羡慕。

当时好像是老师没有选我参加节目吧,呆瓜同桌不知道说了句什么话刺激到了我敏感的神经,其实他根本就没有针对我,但是平日里骄傲惯了的我就特别生气,抓起桌上刚买的那把小刀往他手臂上划了一下。夏天,短袖,我一停手就看见了他手臂上被我划过的地方开始冒鲜红的小小的一颗一颗的血珠子,顿时吓掉了我半条命。我慌了神完全不知道接下来该怎么办,我一脸内疚地看着他小声地说:"你别告诉老师好不好?"他说:"好。""那你赶紧把血擦掉。"我说完这句话的时候他就从作业本上撕下一页没写的纸开始擦。那一整天我都在担心呆瓜同学会不守承诺偷偷跑去老师那里告发我,但是他并没有。

过年同学聚会的时候一群人坐在KTV里唱歌聊天,呆瓜同桌变开朗了很多,在问了我的近况之后他突然对我说:"你知道吗?"等一下,这里是要准备公布什么秘密了吗?难道是他小学的时候一直暗恋我?我在心里设想了他会说的一万种可能,结果都不是。他说:"你知道吗?整个小学时代我一直都把你当偶像。"这句话比"整个小学时代我一直暗恋你"更具有杀伤力。

虽然小学的时候很多人都羡慕成绩好的人,但是我还是被呆瓜同桌把我当偶像这样的言论吓到了。"偶像"这个词太高端大气上档次,一般人根本就配不上。在这里我不是想说自己不是一般人，而是我听出了呆瓜同桌话里的意思，他是想说小学时代自己视为偶像的那么优秀的我，现在怎么变得这么平庸了。

我确实成了一个平庸的人，上了初中之后成绩好的人越来越多，再也不会像在小学那样被老师们捧在手心了。刚开始我难以接受这种落差，后来慢慢就习惯了。进入青春期，也开始把更多的时间放在学习之外的事情上，成绩理所当然严重下滑。三年下来，我连重点高中都没有考上，呆瓜同桌却轻轻松松过了重点线，成功逆袭，也终于再也不会说出把我当偶像这样的话了。

后来我听同学说起过呆瓜同桌对我的评价，他大抵是说我以前成绩那么好上了初中却没有把心思放在学习上，对我很失望之类的。我知道，那个时候所有人都对我很失望，父母，老师，还有我自己。不过在听到同学的转述之后我突然有些感动，在失望之前，至少还觉得我有希望啊。

我常常会想，每个人在你的生命里都有他出现的理由和存在的意义吧，可能很多人你早就忘了，但也始终有那么一些人会被你记在心里。现在，我想送一句话给曾经年少的呆瓜和曾经年少的自己，这句话我说给很多人听过：每一个人都有自己的路，每一条路都有自己的未来。但愿道路漫长，充满奇迹与挑战，还有拥有迎接未知的信心和勇气。

祝你走得更远。

枕着远方入眠

哪怕做一条咸鱼，也要学着哄自己开心

亦青舒

那年我十七岁半，凌晨一点多在高考志愿查询页面看见被W大学录取的时候，赤着脚从床上蹦起来。

但当我实实在在坐在外语学院的课堂里那一刻，看着英国外教刻板严肃的脸，困惑地听着他的指令开始操作语音教室的计算机，茫然地听着语速为每秒一百六十个单词的BBC新闻的时候，我才开始怀疑：我面对的到底是一场成真的美梦，还是刚刚开始的恶魔。

对，初高中时代我是长达六年的英语课代表，但是在W大外院全英文授课的课堂里，我只是一个仅能听懂老师三分之一授课内容的慢半拍少女。恐慌从学业蔓延到生活里，我迅速发觉自己正在被一群怎样的人包围着——班里的William，据说高二词汇量就达到两万，能无障碍通读

《简·爱》的英文原著版；班里的Lula，小学在美国读了六年，口语地道流畅，爸妈都是W大经济学院的教授。

我变得很不开心。铺天盖地的自卑感席卷而来，我每天早上起床，望着镜子里的自己，都觉得她又变讨厌了一点儿。我看各种励志文章，给自己换着法子打气，很希望某一天早晨睁开眼就在镜子里看见一个崭新的自己。她语音标准，优秀从容，她得天独厚，应有尽有。

但无论我怎么用尽全力召唤，那个自己，始终没有出现。

我至今仍然清楚地记得，那段濒临崩溃的日子里，我每天都在尝试和自己和解。我试着把那个闹着别扭的小姑娘的肩膀掰过来，试着告诉她：她确实尽力了。

人生不要活在攀比里，因为这个世界太大了，总有人会把我们对比成一条咸鱼。

但生活不因为你变成了咸鱼而停止，那些考验依然会像鞭子一样落下来。而行走世间，却再也没有什么，比体贴自己更重要。

十七岁半以前我对自己非常严苛，忍受不了任何瑕疵和平庸。但十八岁以后我学会的新技能，居然是学会哄自己开心。在那无数个黯淡又孤独的日子里，我每天刷牙的时候，都能对着镜子里的自己眨眨眼，说一句漂亮话。

比如，"你穿蓝白色的裙子很好看"和"你这个月又有新过稿啦"。然后高高兴兴地去上课。我不再逼着自己用力奔跑了，我知道自己语音不够标准流畅，但也愿意试着去组织句子表达观点；我知道自己词汇量匮乏得可怕，但拿着那五千词汇量读着英美幼儿读物《小王子》的时候，我也是实打实地开心过。我愿意诚实地照镜子，捕捉那些真实的动人，而不沉溺于和自己做无尽的对峙，来回拉扯，互相憎恨。生活的考验还是像鞭子一样继续落下来，可在那些进退躲闪之间，我终于笑着和自己握手言和，闭上眼睛，吹灭了二十岁的蜡烛。

那些年里的鸡汤文，其实压根没停息过；公众号新媒体，个个都忙着教我们做人，鼓励你"活出一个更好的自己"。可我总想起那句话——倘若你连原本的自己都不喜欢，更好的自己，也未必能获得你的拥戴。

那是真的。

旧时微凉，曾有少年凿壁借光

依然那么瘦

十岁那年，父母关系破裂，我像只离群的孤鸟被送回北方小城跟着姥姥一起生活。巨大的变故与陌生的环境，让我开始变成一个孤僻的小孩儿，不爱说话，也没有朋友，唯一的乐趣就是等待姥姥来接我的间隙躲到学校对面的书屋里看书。

那间书屋是整条街上生意最火爆的一家，童话书一毛钱就可以租一天，更厚一点儿的也只需要三毛钱；大多数的书都被翻得破旧不堪，甚至还带着不知名的气味，但我仍然抱着曹文轩和郑渊洁躲在角落里看得津津有味。

那是我所有的童年时光里最幸福的片段。舒克和贝塔的辩论教会了我很多基础的逻辑知识，也在一定程度上让我学会了自我治愈的能力，使我后来形成一个还算健康的性格。

那时候阅读是我的堡垒,让我建造起一个属于自己的世界,那个世界里没有争吵与不安,爱与善才是唯一的主题。姥姥一生都不识字,但在我阅读这件事情上却展现出了极度的慷慨,几乎有求必应。有一次做错事后受到了姥姥严厉批评,于是背着书包偷偷溜出了家门,我站在楼道里茫然四顾后爬上了楼顶的天台。姥姥找到我的时候暮色已经爬上枝头,而我却还沉浸在《中国少年儿童百科全书》里。看到姥姥,早就忘记了下午的争吵,兴奋地给她讲起绿色的自然环境篇,却不知道姥姥因为找不到我差点儿去报了警。她红着眼圈紧紧地抓着我的手,哽咽着问我:"好看吗?"我手舞足蹈地点点头,姥姥一下子抱住我说:"那你以后也写书读给姥姥听。"但姥姥并没有等到这个机会,她在初二那年永远地离开了我。那时候的我开始读《红楼梦》《三国演义》,读张爱玲、顾城,也读卡夫卡、歌德,并且开始模仿着写起来。其实很多内容,当时我并不懂得其中的含义,但那又有什么关系呢?诚如三毛所说:"许多时候,自己可能以为许多看过的书籍都能过眼烟云,不复记忆,其实他们仍然潜在的。"

阅读不会让你活得更好,但可以让你活得更丰富。我在马尔克斯的世界里看到了炙热的艳阳和浓郁的殖民风情的南美小城,在莎翁笔下见过文艺复兴时期的欧洲,也跟着三毛见过不一样的撒哈拉沙漠。直到长大后我真的亲临这些地方的时候,才感谢十几岁的自己,在那么孤独的时间里看到了那么广阔的世界，并拼命走出来亲眼去证实这个包罗万象的世界。

阅读对我的意义，恰如伍尔夫所说："是为了自己高兴，而不是为了向别人传授知识，也不是为了纠正别人的看法。"它如同一束烛光，照亮了我黑暗的童年，让我得以度过那么多无助的漫长黑夜。

嗨——

你想过吗？什么是属于你的永远不会被偷走？无论多忙，我都会在一个月里挤出那么两天，推掉所有事情，找一个空间看书。那种长时间专注于一本书的投入的感觉，就像一条巨大的鱼钻进深海里的痛快。

你好，来自21世纪的文艺

不消停

好像从高中起就有人说我是文艺青年，我却从不敢如此自诩，顶多算个伪文青吧，连大冰老师都否认这个称号，而称自己是文氓——"氓者，民也。"多有趣啊。

是的，我一直把大冰当成偶像，平行世界，多元生活。在我看来，面对眼下的生活时，首要的是脚踏实地地做好本职工作，而后再将远方提上日程。你可以把生活过成多选题，但要平衡好每个选项，它被你选择了，就应该被做到出彩。

退学去流浪、辞职去远方，都过于极端不值得效仿。我曾经很渴望在高中毕业后有一次"gap year（间隔年）"，去路遥的西北、三毛的撒哈拉……却悲哀地发现我并没有这样做的资本；也就是说，小说里读过的那些文艺飘摇的生活我暂时得不到，且离我很遥远。

我去书城搬书整理书架，快一个月才赚得出游的钱。那时我才意识到即使念了十多年书，我也只习得了一脑袋无用理论而已。如果想要独自生活，保证温饱尚且不易，更不要说追求所谓的诗与远方。

忘了在哪儿看过一句话：去挥霍与去珍惜是同一件事情。人生苦短，未做的事永远只是一个胎死腹中的想法，生是见识而不是活着，平凡不等于庸俗。

我很喜欢一个写手姐姐，她的文章温暖中自有力量，她静静地存在于我微信列表里，你知道的，面对一些你很欣赏的人，想说什么斟酌来去也都怕出差错，索性就默默关注。

她既可以和好友早早订下长假里的旅行行程，又能够在夜里灌下大杯黑咖啡留在人去楼空的办公室赶PPT。既享受边听喜欢的有声书边做羹汤，又期待下一场势均力敌的恋爱。

她是永远的少女。

我甚至想象得出，下班路上她是如何迈着轻快的步子，在街角的花店挑一束花，回家巧妙地安放在写字台上。

顾城说，一个人应该活的是自己并且干净。她做到了，干净又文艺。

文艺不是故作姿态，不是简朴或小资，是理智与少女心并行不悖，是疲倦日常里的小确幸，是面对生活的强大无畏。

人生短短数十载，何不披荆斩棘地朝理想生活奔去。去追求你认为的文艺生活，不必削足适履、迎合大众，喜欢的才是正确的。

嗨——

刚收到手机短信提示，我成功地订到了下个月陈鸿宇巡演的预售票，我又要去追求我乏味日常里的小确幸啦！如果这篇稿子投中，那就意味着，我的远方基金又添加了一笔。

外表只是个加分项，才华才是硬道理！

诗和远方都到不了的家

不知所芸

1

高考前,我和闺密无数次计算着将来我们要去哪个城市读大学才最划算。我们煞有介事地将从当地的美食丰富程度、城市发达程度、坐车回家的时间、平均天气及温度情况以及学校与城中心的距离做了比较、列了表格,并信誓旦旦地说要按这张表格来填报志愿。

表格的顶端是广州、深圳、北京及上海,最后一栏我们商讨了很久,终于把生活的小城市填了上去。

我中了"状元",来到了广州,闺密发挥失常,在家人的威逼利诱下选择了家附近的大学。从此,我们开始了互相羡慕的生活。

广州是个十分适合学习生活的大城市，交通设备完善，美食众多，经济发达。但新鲜的劲头一旦过去，留下的必定是满腹想家的愁思。

而如果恰逢中秋、端午等团圆佳节，更是愁上加愁。

若是回家，不长不短的时间里还必须扣除来回的两天，在家舒服的日子待久了，连回校都像是奔赴刑场；若是不回家，即使你能够和家人一天一个电话，每晚一个视频，每顿一道家乡菜，可少了家人陪伴的菜肴算什么美餐？只不过为了果腹一般，寡淡无味。

闺密笑我身在福中不知福，她每周回一次家就像还在高中。老妈每天的唠叨还在，以往的朋友却要么北上，要么南下，她觉得自己要寂寞出病来了。

诚然，我在广州也有几个当时一起考来的朋友，也可互相倾诉下思乡的愁绪；但也只能是抒发，远远不如一顿老妈亲手煮的西红柿鸡蛋面、亲手酿的豆腐苦瓜可以解脱我内心的孤寂。

更何况在广州，你不能只是生活在原来的生活圈中，你要去认识新的人，去开拓新的视野。于是也只是认识了更多的来自天南海北的人，然后在传统佳节到来时，围坐一起，想家。

2

闺密说:"我真无法想象你们如此想念这个鬼地方,我巴不得逃出去。"

我说:"我想至少可以一个月回一次家,可以不要花费大半天的时间;我想食堂阿姨可以做出我妈的拿手好菜,但那样我会更加想家;我想这个学期快点结束,可转念一想回校才是痛苦的事;我想在难过的时候可以回家耍小性子,也有人包容。"

她说:"我懂了,你不就是想当个有人疼的小宝宝吗?"

我竟无言以对。

我真像个长不大的孩子。原本叛逆期时恨不得抓两件衣服就离家出走,浪迹天涯。可现在我离家万里,他们管不到我看不到我了,我却只想回到他们身边。

她说:"你也别说什么鬼话了,明明胖了一圈儿还说什么都不爱吃。"

我恨不得把她从屏幕那端揪出来扇两下再塞回去。

但我真的十分可耻地胖了,嘴上说"没有我妈做得好吃",身体却很诚实地胖了两斤;但我国庆在家不过七天而已,却整整胖了五斤。

数据还不能证明一切吗?家里的伙食再差,我也会吃得比学校香，因为那是我从小吃到大的味道。

有时为了打牙祭，也会按照大咖推荐去到某不知名的小巷吃一顿家乡味道的美食；打车打到挂着家乡车牌照的车，都会十分开心地和司机用家乡话猛唠。只是大咖的推荐中，十个有九个会踩雷区，价格和味道都不敢苟同。

3

我们都喜欢且向往外面的生活，怕自己成为井底之蛙，怕自己没有他人长远的眼界。但我们很多人都忘了，那座几乎未曾变过的小城，那些值得我们依赖一生的亲人朋友，或许才是我们坚实的依靠。

于我而言，所有的诗和远方，都比不过依偎在家人的身旁。

嗨——

你记得吗？那一天开始，你知道了生活不止苟且，还有诗与远方。我们把它挂在嘴上、写进文章，拉好架势，要跟生活死磕一场。可最终，因为那天照得刚刚好的阳光，一下子爱上了不用去远方的岁月静好。

我和她相隔的不是天涯

六州笑

我与小素从初中起便是要好的姐妹。

她娴雅淑静，擅长散文，笔下透着一股空谷幽兰的灵韵。我在她的带动下学着领悟诗词意境，却偏偏不得要领，郁闷时写起小说，反倒自成一体。

我们常在一起嬉闹说，以后不管过多少年，我们都要在一起。

我清楚地记得，那时的我们，成绩不相上下。

是什么时候开始改变的呢……

是那个改变命运的中考——我们考入同一所高中，我发挥失常，进了普通班，而她，却在实验班。

她在学校的另一栋教学楼里，邻着图书馆，配备着最好的教师资源和优秀拔尖的同学朋友；我在嘈杂的班上，冷眼看着人间百态，埋头读书时，却不知脑中想着的是艳羡妒忌还是惭愧自卑。

环境的迥异，赫然在我心中拉开了追赶不上的距离。

课间我在楼道里与同学们打成一片讲着冷笑话，可能此时小素已码齐了作业本递往老师办公室；晚自习我叼着笔头望着窗沿神游天外，可能此时小素已在奋笔疾书演算着导数值域三角函数立体几何；课堂上我摊着语文课本偷偷赶着数学卷子补着英文作业，可能此时小素已认真地听完老师讲课做出了一行又一行工整的笔记……

一连两年多，有时在校园路边遥遥望见她与朋友说说笑笑地离去，心中不知在畏惧着什么，我也只静静地立在一隅，不让她瞧见，目送她的远去——就当是，我从未认识她……

因为一次偶然，我晚上留在学校里吃饭，吃完时是傍晚六点，我在教学楼间的复道回廊里漫无目的地乱逛，竟发觉自己不知不觉走到了她那栋教学楼的走廊上。

我不知从哪儿来了勇气，对自己说，既然到了这，就不要再逃了罢，去看看小素，仅见一面也是极好的。

我立在她的班级门前，目光掠过成片的堆满书籍与试卷的课桌，望见了那个正在整理资料书卷的身影——真的是她！

偌大的教室没几个人，显得空空荡荡的。她约莫是感觉到了门口有人，抬头看过来，神色一顿，便赶紧放下手里的书，来到我面前。

我挠挠头："今天正好在学校吃饭，想起你也许在，就来找你了。"心中忐忑着的，却是仰望与自卑。

她笑："好啊。"唇齿间绽放的笑意竟若春风化雪。

我们就真的践行了两年前的那一诺——我们并肩在高楼的回廊里穿梭漫步，抬头是苍天沉云，俯首是大地草木，两袖是轻盈长风，足底是万步琼楼。我们讲着近年的变化，踏过一层又一层的阶梯……我从去年七月退稿的失意讲起，讲到近来终于收到样刊的喜悦；她讲着班上百日迎考挂起横幅的趣事，还讲了许多日常同学间的玩笑与生活小习惯。我细细斟酌，暂时甩开了学习与考试，只觉得酣畅淋漓。

直到晚上六点半多，我们走了一大圈，从这栋教学楼绕到那栋。最后，我将她送到她的班级门口才离开。我忽忽悠悠地走回自己的班级，感觉就像在云上飘。直到坐回自己的座位，看见身旁的小宇、大头、大伦等人疯疯癫癫围在一圈卖力地演着徒手劈开苹果的闹剧，才意识到这一切是真实的，我又回到了这个充满欢乐调笑、傻得冒泡的热闹班级。

现在的我可以安心地坐在普通班里奋笔疾书，相信只要自己尽力了，在普通班与重点班并无很大差别。一模考试时我在考场外面重逢了小素，进考场时她开心地冲我笑，那无声的口型我读懂了——

加油。

我很美，我知道

暖纪年

突然从高三灰扑扑的气氛中挣脱开来，天天刷题的姑娘迷上了《王者荣耀》。那个孤僻的妹子成了学校乐队酷炫的鼓手之一。而天天大大咧咧的我，竟喜欢上了需要耐心的手工。

我学会了做各种和衣服相衬的发饰、耳环与胸针，也被很多人夸过搭配温柔，独具眼光。我跟着网上教程学会了做口金包，市场淘来的草木染布料一层一层深浅不一，像海面日出时温柔的波浪，还带着天然新嫩的草木香。

可是我几乎从来都不用它们。

美好的东西那么多，可当我满心欢喜地换上心爱的衣服，仔细欣赏它精美的细节，一看到镜子，又忍不住换下来。我没有好看的眉眼轮廓，没有标致的身材。鼻子塌塌的，身上肉肉的。我不敢穿着好看的衣服配饰，我宁愿隐藏于人群之中。

我也喜欢好看的照片啊,可是我不喜欢照片里不好看的自己。

十八岁,联系了微博里一直喜欢的一个同城摄影师桃子,她是大三的学生,摄影五年,微博上小有名气。我们聊得很投机,我咬咬牙在十八岁生日的时候交了五百的摄影费。

我和桃子约在当地一个和风装修的猫咖啡厅,手绘的隔断帘子和屏画都是很好的摄影背景。刚开始还很开心激动,可是一面对镜头,又忍不住僵硬起来。桃子一直教我放松,告诉我比较上镜的角度和动作,可我什么动作都觉得不合适,表情也尴尬着做不出。

我抢着看了几张照片,怎么形容呢,照片里的自己,笑起来傻气,不笑又显得生人勿近的凶恶。再加上全程的尴尬心态,感觉真是浪费了好好的相机。

干脆不拍了,停下来专心吃店里的东西,掩饰内心的心灰意冷。有只橘猫凑过来打滚,蹭我的衣角,我陪它玩了好一会儿,才感觉心情慢慢好起来。

桃子觉得很愧疚,说下次再出来吧。我拒绝着说:"就这样算了。"

回去的时候在微信上看到桃子发给我的几张照片,那是我在逗着猫的时候她偷偷拍下的。我抱着傲娇的橘猫,微微俯着身,发丝柔顺地垂下来,落着熠熠的光,笑得眼睛都快没了,但却很好看。

桃子还发送了一段话:

你一直对别人都很温柔啊,为什么要对自己那么苛刻呢?刚见面的时候你便拿出送我的贝壳胸针,笑起来露出一颗虎牙,那时候我就觉得真好看真温柔啊,可惜来不及拍下来。

十八岁的姑娘没有谁是不好看的,满脸的胶原蛋白,肆意流淌的时光。下次想出来拍照再来找我吧,我们可以等到蔷薇开烂漫了再去。要记得常对自己说一句话呀。

——我很美,我知道。

像是有谁砸开了我内心的胡桃,微甜的清香一下子弥散开来。之前总爱捏着肉肉的自己发愁,现在瘦下来会开心能穿好多好多好看的衣服,胖了会开心吃过了好多好多的美食。我愿意坦然地看着镜头中的自己,像是看一朵热烈又美丽的花。

我也曾枕着远方入眠

温 馨

也曾是鲜衣怒马的少年,枕着海子与北岛的诗句入眠,渴望远方,幻想"一朝看尽长安花",想象在外面的世界上演着怎样精彩绝伦的故事。于是,离开学还有些日子,便和泪眼婆娑的父母告别,背上行囊,决绝地踏上了远方的火车。

可是就像钱钟书先生说的,"城中的人想出去,城外的人想进来"。大城市满目琳琅让我应接不暇,太多新事物吸引我的目光。我也曾沉迷于那繁华之中,自以为终于抵达心心念念的远方。然而,有一天,我却蓦然发现心底的思念偷偷蔓延结成一张名叫"牵挂"的网。

我想念那一群在成长之路上相互陪伴的挚友,挂念不知何时有了白发的父母,想念小城的宁静和安逸,想念西北湛蓝的天空那一片晴朗。

莫文蔚唱着"外面的世界很精彩,外面的世界很无奈"。这城市熙来攘往,我却找不到能把酒言欢的一二知己;这城市灯火辉煌,却没有一盏因我而点亮。

每到夜深人静时,心里总有个声音不由自主地重复"回家,回家——"。

于是,毕业之季处于人生方向的十字路口上,我没有丝毫犹豫便选择了归家的道路。

在家乡的日子过得安稳平顺,或许少了一些刺激和激情,却多了几分充实与安心。

平日餐后帮母亲洗洗碗,周末陪父亲看一场球赛,发工资那日帮父母买些小礼物或为家里置办几件小物。穿过几条街拐个弯就能到好朋友家楼下,逢年过节老友互相送自家做的米糕油饼子,闲时和三两好友一起热热闹闹吃火锅,有时也约喜欢的姑娘一起喝杯咖啡,或者一路说笑着去张芝公园散散步。

兜兜转转回到了这片生我养我的小城,我还在最初的地方,站在西北广袤无垠的土地上,被爱和阳光包围。

一群自诩追寻情怀与理想的文艺青年把到不了的地方叫作远方,把可望而不可即的生活写成诗。而我认为,眼前不全是苟且,诗不只在远方更在你我心里。

生活真义即为柴米油盐,离得了红尘离不开烟火,喜怒哀乐，人情所常，脱得出苟且脱不出因果。

"春去秋来不相待，水中月色长不改"。活在当下，平凡生活中亦保留情怀，把生活过成诗，且行且歌。

你是我整片星空

距离是最考验的关口

半 勺

1

多雨的五月,雨伞随身。当两个健忘的人走在一起,后果就是,记得带伞来校,却忘了带伞离校。

比如我和你。

人将散尽的教学楼里,我和你站在一楼,看着眼前的绵绵细雨,实在是很难不嘲笑彼此的忘性。

"我回教室拿伞。"说着我就往三楼跑去,脚步声在这安静的教学楼显得突兀,这样的突兀,从一楼赶往三楼,又从三楼折返一楼。确切地说,还未到一楼便戛然而止。

我停在楼梯的某一阶,握着手中折叠整齐的伞,看着眼前你的背影，和你眼前的少年。少年正把撑开的一把浅蓝色大伞递给你，那浅蓝色就像少年萌动着的稚嫩的春心，却让我觉得蓝得太刺眼。他小跑着冒雨离开，而你显得无措，拿着伞不知如何是好。

你披着过肩两寸的发，穿着使你更显纯美的校服，蓝色的伞成了装饰，绵绵细雨只是背景。而你，才是主角。静好的模样，你是优异的许妍。

人群中，总有那么一两个让同性嫉妒至极的人，可当这个人成了自己的朋友，带给自身的不再只是嫉妒，还有自卑，以及对不公的抱怨。差距的明显，是我和你相处时无法逾越的一道障碍。

2

早读的前半个小时，是我们终于不在一起的一段时间。那段时间里，我通常都是坐在空荡的教室，埋头记着英语单词。

以及，等着六点十分来到教室的人。

这一天，他一如既往踩着六点十分的时间，拿着一杯水，两本书，走进教室，坐到我隔壁组的座位上。而我一如既往假装着漫不经心地抬起头看一眼，又埋下头。

不高，挺瘦。偶尔和朋友开玩笑，却更多是沉默着。没有特别出色的相貌，却能够脱俗。

林南，未寄予他过重的情感，却也难逃最敏感的好感。而这好感，持续了将近一年。

　　他是班里极少数的没有围着你转的少年，这让我对他的好感，又一次有了加分。

　　我抬起了头，望向他的背影，专注着他的一举一动。因为这一天早上，我放了三颗糖果在他桌上。那色彩清新的糖果纸，让我觉得好像可以幸福一天。

　　而林南，他显然是有些愕然，但仅几秒就又恢复了常态，他随意地把糖收到了桌膛里，然后翻起书。

　　三颗糖果，是昨晚和你一起买糖时我留在口袋里的。我深信，他定不会怀疑那是我的糖。因为我和林南之间从未有过只言片语。我对他所表现出来的态度，在他看得到的范围里，都显得异常普通。加之，我的存在一直透明。而这一次，我是唯一的一次跨出了一小步——尽管这一步看上去太苍白无力。

　　当早读铃响起，同学才开始陆续填充教室。你也是在这个时候，迎着众多目光走进了教室。你在第一组的一个座位上停下，从校服口袋中掏出了一把糖果放在朋友的桌子上，脸上扬着友好的笑意，"你要的糖。"

　　与此同时，林南的视线直直地锁定着那些糖，许久后又移向了你姣好的面容。而我的视线跟着他的侧脸，看见了他嘴角微微上扬的弧度。他从桌兜里翻出了刚刚随手塞进去的那三颗糖，放到了口袋里，耸了耸肩，继续看书，而那上扬的弧度，久久未落。

那色彩清新的糖果，大概是让林南幸福了一整天吧，却也让我觉得明晃得刺眼。

我偷偷放下的三颗糖，就这样巧合地成了你送出的糖。

隔天你就惊喜地告诉我："你知道吗，叶晓，昨晚林南居然来加我为好友，还说改天要请我吃糖，真挺出乎我意料的，平常看着他好像是很难接近的样子啊。"

出乎意料吗？美好的你，不总是能够得到这样的一些惊喜吗？

于是，我等了将近一年的六点十分，到底是抵不上被误会成你送出的三颗糖果。

3

同一把伞虽遮挡着同一片天空下的雨，我们却也用同一样的沉默，拉开了两颗心的距离。

"对不起。"两个人的沉默，最终在我就要进家门时被你打破，却是这样一句点着我导火线的话。

"你没有错，代表学校去参加比赛的人，总得是才貌双全。像我这种貌不足凭才不足取的人，除了怨自己还能怨谁？"

我们的绘画能力都极其优秀，我甚至比你更胜一筹，于是绘画成了我唯一的骄傲。这次学校有一个名额可以到省外去参赛绘画，我势在必得，却在你得了名额后坠落到冰点。而你的一句对不起，瞬间就击溃了我伪装的无所谓，我带着酸味儿自嘲着，每一个字的发音都在用力，字里行间无不宣泄着我的嫉妒与愤怒。

"叶晓你别这样，老师也是考虑到你最近情绪不……"

"行了，我又不是你，不会有谁来关照我的情绪。你快点儿回家吧，我先进去了。"我打断了你的话，抛下言不由衷的"明天加油"就关上了门，决绝地把你要说的话也一同关在了门外。

我本该为你高兴，为你真诚地加油，但我这个挂名的闺密，到底是自私的人。那一刻，我不仅讨厌我的逊色，更讨厌起了那不仅自己差劲还不允许别人优秀的我。

4

日子一天一天地过，我仍然是你许妍这朵鲜花身边的一片绿叶，我仍然用我拙劣的演技去演绎和你在一起时的快乐，我仍然在心底暗暗地衡量着我们彼此间长达一光年的距离，直到高中毕业。

在我们就将分道扬镳的最后一天里，我们那一光年的距离都仍然在不断被拉长——林南向你告白了，你的笔记本上留下了许多人的祝福,就连你的录取通知书都比我的有面子多了。

居住地要拆迁,我们被迫搬家。所在的大学不同,我们终于分开。我们到了不同的城市,开始过起了没有彼此的生活。

高中三年,我除了你之外的好友寥寥无几,因此我毫不犹豫就换了手机卡,我切断了我们所有的联系方式,只求未来的生活里不再有你。我想你一定很舍不得我,毕竟鲜花都很看重和绿叶间的感情,但鲜花并不知道,绿叶一直都在试图摆脱她。

5

我承认,在初来乍到一个陌生的环境时,我总会无意间想起我们一起生活过的那些点滴。但当日子过久了,我发现当我终于不用再成为你的绿叶时,我才真的能够感受到这个世界赠予我的美好,我才发现其实我并没有那么糟糕。

我积极向上地生活着,我和我的生活都是充实的。

直到收到你的来信,我才意识到我已经很久没有想起你。

你的人缘果然很好,你只需稍微打听,收信人的地址就能够精确到我在宿舍的第几室。拆开信封,绿色的信纸伴随着淡淡的茉莉香扑鼻而来,你的字迹娟秀得一如以往,信的内容只有简单的两句话四行字——

"我很想你,你还好吗?我不知道该不该突然去找你,只知道离你好遥远。"

6

当再次见到你,是大三和男友去澎湖列岛游玩的时候。

你穿着波西米亚长裙,背着个白色背包,脖子上挂着部相机,笑得安然,独自一人。

"叶晓!真的是你啊!"你兴奋地朝我小跑而来,想必是一眼就认出了我。

"真巧啊,好久不见。"我因这些年对你的不闻不问而心生歉意,笑得局促,握着男友的手也不由得加大了力度。

我们只是沉默地对视,一时间谁也不知道该说什么。好在男友看穿了此刻的尴尬,于是友好地向你做了自我介绍。

"你要照顾好叶晓,她是个没有安全感的人。"

我是个没有安全感的人。

这些年我对你的嫉妒和躲避,最后在你的眼里却被包容成了这样一个理由。我的心狠狠地抽动,自责感无处藏匿。

"我爸已经帮我办好了出国留学的手续,过两天的航班。多好啊,临走前我竟然还能看到幸福的你,这样我就真的可以放心离开了。"

"什么时候回来?"

"三年,或许更久,谁知道呢。"

眼睛突然一阵湿润,一阵风应景地拂面而来,凌乱了我眼前的碎发,我透过泪水和碎发,透过这浑浊的视野,却也拨开了心中的芥蒂,清醒地看清了你的模样。

听见你的声音

方　悫

善于倾听，不忽略身边的人

英语课的时候，我和一个不同专业的朋友Y坐在一起，她带着她的三个朋友，我带着我自己和一本很是干净的英语书。

B班的老师是个和善又有点儿搞笑的微胖型男，于是恃强凌弱的我们便总是欺负他，通常表现为：不听课。

我挨着Y坐，无聊之余便开始聊天。Y也是一个和善又有点儿搞笑的人，通常我们聊天的内容不外乎是她给我推荐综艺、韩剧，我给她推荐读物、电影，再对彼此推荐的东西加点儿吐槽和共鸣，一节一个半小时的课也就差不多愉快地结束了。

而我对Y的那三个朋友倒是没什么话说，不过是"点头微笑"的程度。挨在Y另一边的人叫她Z好了，在我看来也是一个和善的人，并且声音小言语少，每次她说话的时候，旁边的人都要靠得很近才能听清楚她在说什么。

这一次的课我和Y沿袭以往的旧例，开始聊天。难得剧荒的Y一脸真诚地向我寻求推荐，我也乐得分享，向她分享了许多我当时在看的剧。我们俩展开热烈讨论的时候，旁边的Z以微不可闻的音量说了句什么，我没听见，Y没听清。

拉着Y说完之后，Y点头称是，意思是组织的话她已经牢记在心了，转过头面向Z，她将耳朵伸过去问了一句："你刚才说的什么剧？"

然后Z笑了一下，两人展开了新一轮讨论。

这实在是一个很平凡很普通的场景，可是一向矫情的我觉得挺温暖的。因为在我不小的嗓门下，Y还能听见Z的声音并且时刻惦记着她说了什么，跟我结束对话后马上去回复Z的话，既尊重了我又尊重了Z，在我看来着实不易。其实如果Y不去回复Z的话，Z倒不会生气，只是心里可能也是会有些小郁结，觉得被忽略，这种感觉实在让人难受。可是Y是她的朋友，她一直听着她的声音呢。

Z是一个和善的人，但她的声音很小，要离她很近才能听到。

Y也是一个和善的人，而且她很会倾听的。

让你的声音真诚而礼貌

室友二水那天晚上回到寝室的时候，一身的怨气，一脸的不高兴。

问她怎么了，她说她在学校超市受到了不平等待遇。具体表现为她想买台灯，然而她问了很多次，可是就在附近的售货员并没有理她。于是二水很生气，郁闷地回了寝室。

我问二水："你怎么说的？"

二水声音大得惊人："我还能怎么问呐，就问'这个台灯怎么卖'呗。"

"没有标价？"我又问道。

二水白了我一眼："是不是傻，有标价我还用问啊？"

"嗯，那这是超市日用品系统不完善。"我想了想，又问了一个跟最初问的差不多的问题，"那你的原话是怎么问的？"

这次二水倒是没有急着回答，在那冥思苦想了一会儿，恍然大悟般发出了"哦"的声音，她说道："我想起来了，我问的是'哎，这个台灯怎么卖？'难怪人家不理我了。"这时候，二水也不生气了，倒是有点儿懊恼自己的做法了。

对于说话做事一向很冲的二水来讲，有时候"礼貌"这个东西会稍微藏得隐秘一点儿，于是很多时候，遭受她如此待遇的人都会内心不平，认识的朋友说说也就算了，可是陌生人从她那里遭受的无端"恶意"却常常是没处说理。

"如果你是那个售货员，有人这样跟你颐指气使，你会理她吗？不用说，我知道你的脾气。不会。"

二水点点头，说道："嗯，我知道了。"

第二天晚上，二水回来的时候，手里拎着一个橙色草莓形状的大台灯，一脸的兴奋："超市打折了，八折买的。售货员要是不说的话，我就买那个小台灯了，这个大的打完折跟那个小台灯价钱一样。"

我笑道："哦？这次怎么跟人家说的？让人家售货员这么友好？"

二水清了清嗓子一本正经面带笑容地说："你好，请问台灯怎么卖？"

我笑了半天，然后实在是忍不住了问道："我能说一句话吗？"

二水依旧保持着微笑："嗯，你说。"

"你这个台灯太丑了。"

于是二水收起了她的笑容。

这一次，并不是别人没有听见你的声音，不去理你。相反，正因为听见了，才不去理你。很多时候，在你的声音没有得到对方回应的情况下,你都该想想,你所传递出的声音是否是友好的,是否是礼貌的。

因为没人有义务去理会你每一句不真诚又不礼貌的话语。

别辜负别人的热心

校门口有个老大爷,老大爷有一个不大的书摊,书摊上有杂志,还有盗版书。

凭我多年阅书的毒辣眼光,我一眼就能看出有的杂志是真的,而绝大部分的书都是盗版的。离学校最近的报刊亭要走过两个路口,而且杂志书籍还不全。所以我的看书日常就是在图书馆借书看,在大爷的书摊买杂志看。时间久了,跟大爷倒是混了个脸熟,每次去大爷的书摊,大爷也能给我推荐推荐他的盗版书,只是实在不好意思我一次也没有买过,每次都是买几本杂志就走了。

那段时间想看一本书,于是拉着朋友去图书馆搜了个遍,没找着。走过两个路口去报刊亭,没有。回学校路过大爷的书摊时,看见了那本我朝思暮想的书,奈何封面粗制内页滥造。唉,又是盗版的。

于是心不甘情不愿地走了,走的时候嘟囔了一句:"要是正版的就好了。"

这么讲的话,后来的情节大概也能猜出来了。几天后再次溜达到校门口的时候,隔着老远大爷就开始向我摆手,另一只手高高举起一本书,我走过去的时候,大爷把书递给我跟我说:"姑娘,这本是正版的。我找了挺长时间呢。"

我连连道谢,抱在怀里爱不释手,原价买走了那本书。

回去的路上,朋友拿过那本书翻看,半晌拉了拉我的袖子说:"跟你说个事儿,你别难过。"

"这本书是盗版的?"我侧过头看了她一眼笑了,"我知道,一眼就看出来了。"

"那你还买?"

朋友不解,我也只是笑笑没有再解释。

于是,这本书是我买的唯一一本盗版书。

我当然知道那是一本盗版书,但是很感动大爷的举动,能把一个素不相识的陌生人的自言自语听到而且还帮我找书,我不知道怎么做去回报大爷的这份热心,只能不辜负大爷的这份热心。

很久以前看过一部韩剧,叫《听见你的声音》,男主角自带异能能听见别人内心的声音。觉得很好玩,羡慕了好一阵,但也知道在现实生活中那是不可能的,可是我们却是能做到听到别人讲出来的话并给予回应。被无视或者忽略过的人大概能懂,当自己的话语没有得到回应时,内心其实还是挺失落的。

　　这世上,总会有个人能听见你的所有声音,并给你及时的回应。你只要保持微笑,记住礼貌,这个人早晚会出现,或者是朋友,或者是陌生人,但他总会让你知道,你没有被忽略,没有被不尊重,你一直是被人记挂着的。

　　你相信,我能听见你的声音吗?

承认害怕孤独

琉 筱

一直都以为自己足够强大了，哪怕身边没有人也可以好好过，但事实上给我如此信心的不是内心有多坚强而是自己从未尝试过独处。大概习惯了身边总有三两个好友，不时会无比渴望一个人的世界。

可我终于还是承认，我害怕孤独。

这几天结业了，跟F说起高中生活的第一学期，我说这段时间发生了好多好多事。其实就是交了新朋友然后因为对方人品不是很好所以我放手了；喜欢一个人后来发现对方有些行为是我无法接受的所以我放弃了……F说，你身边怎么那么多人品不好的人？我说可能因为我比较挑剔吧，也可能在别人看来我人品也不好。毕竟好坏是相对的。会发生这些完全在我的意料之外，我以为高中不会交到朋友了，甚至做好独来独往的准备，我还信誓旦旦跟好友说一个人就一个人吧，一个人多好。然而现实是我被自己狠狠打了几巴掌。

开学后跟室友玩得还算不错，吃饭也有了固定的饭友，但难免会有例外。这学期我有两次是自己一个人在食堂吃饭，第一次是因为嘴里长溃疡吃不了饭所以点的砂锅粥，很烫要吃很久，跟我约饭的人吃完了我让她先走，她也没有留。然后剩下三分之二的粥是怎么解决的呢？一个人，一只手抱着手机，没有跟任何人聊天，就是不断刷着动态看看朋友圈甚至看完了还要看看微信公众号，另一只手拿着勺子喝粥。我假装自己很忙，但我只是怕眼神没有停留的地方。我会扫视周围走过的人，然后扫到熟人打招呼她们会问："一个人啊？"很丢人吗，我想是的，所以你看，为了避免这样那样的尴尬我必须为我的眼睛找个"落脚点"。第二次一个人吃饭是放学后乐队排练，排练到六点半，然后发现大家都是吃完才过去排练的，所以我一个人去了食堂，点了一份沙县的拌馄饨，这时看到上一届的乐队主唱也去了沙县，身边是他的几个兄弟。对啊，形单影只的只是我，我羞耻地低下头快速吃着馄饨，从来没有觉得馄饨这么难吃过。

后来为了多学习一会儿，中午放学先回宿舍洗澡，洗完再去食堂，但我再也不会一个人吃饭了，肠粉也好沙县也好，随便打包点儿带回班里吃，中午有几个同学留在班里，假装她们在陪我吃好了。

有时候，不如自欺欺人来找到一点儿安全感。

上了初中之后，很少在一个集体里找到归属感，似乎把自己保护得太严实了，不想主动融入谁，所以也很理所当然地被排除在外。初中的班级很好，但人和人之间的疏离感是无法避免的，所以我到初二才算有"我是三班人"的觉悟。上了高中，因为知道一学期后将会分班，连融入的兴趣都没有，以至于到现在结业了有一半的人从来没有打过招呼。我加入了一个社团，我以为这样总会有归宿感吧，但其实也没有。

成了乐队主唱完全是意料之外的事。我一直都知道，选我是因为所谓的"多元化"，除了唱歌，还能充当乐手键盘手，但他们不知道，这样的选中让我一点儿都高兴不起来，甚至还不如不要。同样入选乐队主唱的还有一名女生，完完全全凭着唱功入选的，这让我更加羞耻。可我还不想放弃，说白了是不甘心。努力想在这样一个社团里找到归属感，但慢慢地发现不过是徒劳。除了社团内部的人，没有人会知道其实有两个女主唱，甚至提起主唱不知有意无意同乐队还是会有人把你排除在外，就连离了乐队在舞台上唱首歌主持人会用"声乐部的师妹"这样的字眼来介绍你。我去！但生气又能怎样呢，技不如人的时候不要抱怨，我一遍又一遍告诉自己，但也只是在为自己洗脑。看见同社团的人发微信小视频，点开后发现是社团在

KTV的聚会，眼神又黯淡下来。你不知道，此刻我有多落寞。

　　周日回家妈妈都是做了饭装在饭盒里让我和哥哥带到学校吃。前两次到宿舍，宿舍里会有一个室友在，后来都是我一个人。一个人在宿舍吃饭，又没带手机到学校，孤独感在一瞬间侵袭全身。很快吃完饭洗完餐具，看到一周前带来的橙子快不新鲜了，便切着做饭后水果。

　　想起以前在家都是妈妈或者哥哥切的水果，在宿舍都是刀功很好的室友在负责切，可是离开了这一切，就只能靠自己了。突然就很想家，我承认自己特别矫情，想着想着眼泪就下来了，我真的很想回家——在离开家不到一小时之后。

　　我发疯一样地快速吃完橙子，抱起书头也不回快步来到班里。真的不想再一个人待下去了。

　　不想说话的时候身边有人叽叽歪歪说个不停的时候，我真的很想一个人；

　　周围喧嚣得让人觉得格格不入的时候，我真的很想一个人；

　　沉浸在自己世界里被旁人打断的时候，我真的很想一个人；

　　……

事实是，我好像真的做不到。

看《重庆森林》，王菲一个人在便利店把音乐开到最大声，警察问她"你喜欢这么吵的音乐啊"的时候，她说："对啊。"我想的却是，开这么大声只是为了掩饰自己很孤独吧。但她又像个没心没肺的人，一边听着音乐一边摇晃，好像世界与自己无关。这样的人会意识到孤独吗？也许吧。

或许我真的是个矛盾体，向来不喜闹，喜欢独处却又害怕独处。

但在这一刻，我突然发现，承认自己害怕孤独其实并没有那么丢脸呢。

我为什么没有开始下一段友情

黎宥岚

前阵子我接受同学的建议怀着好奇心加了表白墙QQ，这相当于一个树洞栏目，学生把想说的话发给墙君，再由墙君筛选匿名发出。

我刷着动态，一边感受少男少女之间缠缠绵绵的情话，一边无奈一天下来有数十个小马虎发寻物启事。突然我的指尖停顿在屏幕上方，眼睛定在几个星期前墙君发的动态上面。我抽动嘴角吸了一口凉气，滑动屏幕浏览下一条动态。

动态内容大概是同一个寝室女生闹矛盾，匿名者发了几句奚落室友的话，最后总结道："别说大学只有利益没有真友情，只不过是你根本不打算开始下一段友情罢了。"

我在高一时认识的阿饺。那个时候我们常常逃掉体育课坐在超市的板凳上吃冰激凌，看他们晒太阳；在早操的时候模仿领操同学的夸张动作；在开全校会议的时候公然离场引起喧哗。她在动态里常常提到我，我们如胶似漆，即使是周末两天也抱着手机不停发短信。那个时候我们真的是张扬放肆无所畏惧，那个时候我真的以为我们可以要好到天荒地老。

可好景不长，我在某天收到她的短信。她说，我每次跟别人亲昵时她会吃醋。她说，爱情里不能有第三者，友情也是。她说，她要的友情里的安全感我不能给她。那个时候我身边总是围绕着好多朋友，她觉得我对身边人好时没有留个特别的位置给她。我回复说她的占有欲束缚得我喘不过气来。我们的友情就在那时出现裂缝。恰巧分班她选择了理科，后来我们有意无意疏远了。

文理分班后我和阿糖重逢。我们在初中的时候就是同桌，初中的原班人马去省重点读书较多，遗落下我俩在市重点多少都有些惺惺相惜，加上初中的友情基础，我和她的感情迅速发展为闺密。

我们相处的方式就是常常互损，手拉手专挑上课时间上厕所，每天晚自习前开车转市区一圈才踩点回学校。她与男友分分合合，我总是陪她一圈一圈地逛操场，听她的恋爱感悟。在别人的眼中，我们就是一对相互损得很严重却不失感情的闺密。

我曾经以为到高一为止我们认识四年，知己知彼。

她有着强大的朋友圈，她对我说的亲密话转眼我在别人的评论、留言里也能看到；她曾经对我说过某人的不是，我也会气愤着她的气愤主动树敌，甚至为她打抱不平攻击对方。我却在无意间看到她们手拉手互相分享秘密，当她收获下一段友情时，我失去了经常损我的人。

其实这种情况在女生群体里很普遍，就拿我初中班里那些女生来说，总是前天一起手拉手嘻嘻哈哈，今天就开始拉帮结派，后天矛盾升级，下个星期又和好，反反复复持续了整个初中三年。只不过那个时候我满足于坐在第一排，热衷于计划逃课、补作业和忙着暗恋，对于班上后排同学只是混个脸熟，见面也不会打招呼。如果不是要丢垃圾走到后面，我宁愿一直待在第一排。我打心里对于这种若有若无的友情嗤之以鼻。

所以我认为阿糖背叛了我们的友情，高一那会儿我处理事情比较冷暴力。我没有去询问为什么，只是觉得既然是闺密，相互告知是对彼此的尊重，而我唯一做的就是当她笑嘻嘻过来要拉我手一起上厕所时说我要去超市。我们倔强又敏感谁都不肯低头冷战将近两年。

毕业那会儿我更新朋友圈里的照片，是我和新朋友的合照，好友恭喜我有了新朋友，我没有马上回复她。破镜重圆或者开始下一段友情对于我来说都是沉重的，我并没有因为曾经种种失去交朋友的信心和对朋友的不信任，反而在友情里我不再拿冷暴力去解决问题。当初对于阿饺我是厌烦她对我的占有欲，对于阿糖我是耳根子软太把说一个人的不是当真。我也反思过年少幼稚愚蠢，学到的是现在身边的人跟我吐槽某人不是时，我更多的是扮演一个倾听者，而后用脑子、眼睛和心去明辨一个人的好坏，而不是耳朵。

现在我就常常一个人，不喜欢说话，反倒过得很自在。我走在校道上塞上耳机，一两首歌就能把我迷得晕头转向。即使我认识新朋友但再也没有高一那会儿的激情，只是相互形式上的依赖，因为我总不能在老师分配两个人一组练习啦啦操时一个人，总不能一个人搬着饮用水上五楼，总不能在想逃课时没有人帮我喊"到"。我只知道过去那么久我也该释怀。用阿糖的一句话来说就是，"过去那么久，我想我们的关系可以有所缓和。"如今我们彼此心智成熟互相放下，有空还是会打电话和语音，只是谁都过分成熟、拘谨，少了年少肆无忌惮的乐趣。

当我们重承诺的程度和年龄成为反比

琉筱

从小到大,不论是在哪个年龄阶段,我受到的教育都要求我要做到信守承诺,更是熟记"一诺千金""君子一言,驷马难追"等等的词语。只是,慢慢地我才发现,我们越来越容易对他人许诺些什么,却又总是理所当然背道而驰。

孩童时代,我最讨厌的无非是亲戚来家里,临走前告诉我"过两天我来接你去玩啊,想去哪儿你说了算",然后我会一脸认真地开始在心里盘算要去哪儿玩、玩什么。承诺没有兑现,她又一次到家里做客。我期盼她会对上次的失信做出什么解释,可惜并没有。出于礼节,我自是从不过问。

但我没想到,这一次她离开前又拉起我的小手说:"最近我有空,找个时间带你到游乐场啊。"等她离开后，妈妈问我刚刚那亲戚细声在说什么，我如实回答后，又补充了一句："她上次来也是这么说的。"妈妈笑得意味深长，说了句："傻孩子。"再过了几年，我终于明白，有些话，真的只是说说而已，认真你就输了。

那时候，我告诉自己，一定不要成为这样的大人。

只是，中国有句古话叫"风水轮流转"。在我还没成为真正的大人之前，我却成为自己曾经那样讨厌的人。

那是在小学毕业前，每个人都准备了同学录和留言本，也不介意和对方是否熟稔，总之，一看到认识的人便把留言本递过去，希望越多人写，写得越长越好，好像要把这些人深深刻进脑子里，用一辈子去铭记一样。当然，那段时间，平均下来每天我都得写几十本留言本或同学录，跟很多人互称闺密，写下了"时光不老，我们不散""一声闺密大过天"这样现在看来无比恶心的句子，可那时候是真的希望她们以后会是我婚礼的伴娘、孩子的干妈，当然每个人都是这么想的。

后来我们毕业了，来到新的学校认识新的朋友，和以前的闺密再无联络甚至心照不宣默默退出对方的世界，更有甚者退出后删除了QQ好友。那时的我总在感慨物是人非，初中三年不敢翻看从前的留言本。每一页都像是对我曾经年少轻狂的审判，那些我轻易写下的承诺，都成为日后我懊悔不已的源头。

我是想赎罪的啊，在有心人的心里，我恐怕已是个说谎的人——时光未老，人已散。

日复一日的反省，让我越来越不爱做出承诺，因为很多时候，实现不了的承诺反而成为枷锁。

初三毕业，大家仍旧不可免俗地准备了留言本，哪怕是好朋友递来的本子，除了回忆和祝福，我依然不许诺些什么。也许这会让我以后的路走得更加轻松。真的，有些人遇到了就好，并不一定要陪伴走多久。

仔细想了想，这两年我也只对少数人做过承诺，我说我会一直在，这是我能力范围以内的事。最有力量的话，也无非是在意的人的一句"我在"。

在现代人的生存法则里，我们深知：

"下回请你吃饭"只是客套话；

"有空一起去玩"其实永远"没空"；

"要做一辈子的朋友"也只是一时兴起……

可我依然希望，对待承诺我们可以像童年一样较真，在这日益增长的年岁里，能够寻回曾拥有的赤子之心。

我，我们，都应如此。

别让那颗心蒙了岁月的尘

傻哈哈

忧郁小姐是我的一个朋友,不过我不喜欢和她待在一起太久,因为每次不到一个小时,她总会有办法让我变得和她一般不开心起来。

1

和忧郁小姐逛夜市的时候,遇到了一个街头卖艺的叔叔。大冬天的,他只是在地上铺了一片深颜色的薄布,便屈膝而坐。尽管寒风一直顽强地抽人嘴巴子,可叔叔的歌声,没有一丝颤抖。

叔叔没有乐器,只有一个小音箱立在一旁低低地伴奏着,低垂着头,叔叔用他略微沧桑的嗓音把他们那个年代的味道徐徐唱出,融入这被冷墨灌溉的夜空里。我不知道他唱得专不专业，我只知道我听见了温暖的心跳。

扯着忧郁小姐的胳膊往里面走近了点，我才发现原来这位叔叔是个残疾人，他盘坐起来的双腿，有一条裤管是空荡荡的。我摸索着口袋，拿了钱准备递给叔叔，忧郁小姐却一把捉住了我，像发现了什么不得了的事般质问我："你干什么？"

我不解："给钱啊，怎么了？"

她开始喋喋不休："你傻啊！听听就好了，旁边这么多人都不给钱的。而且你哪知道他是不是想借机博取他人同情大赚一笔啊。现在残疾人、乞丐、卖艺的，他们一天赚的钱可比你父母加起来还多呢。再说了，之前还有过报道，说是一些人就是专门利用他们牟取暴利，你给他钱他也不一定用得到啊……"

我默默地挣开了她的手，走上前去把钱放在了叔叔的小帽子里。离开的时候，叔叔那句"谢谢妹子，好人一生平安"把我的心烫得热乎乎的。可忧郁小姐一路唠叨的话语又让我的心蒙了一层灰。看吧，果真开心不起来了。

后来的后来，一次偶然，我看见叔叔和一位阿姨相互搀扶着走进一条小巷里，拖着那个小小的音箱，叔叔眉飞色舞地跟阿姨说他的"战果"。阿姨很漂亮，一直甜甜地笑着，像个小女孩儿。

我听见了那么一句话，叔叔说："真好，再过不久，我就可以给你换上新的假肢了。"

那位阿姨没了一条手臂。

2

和忧郁小姐赶公交车的时候，天冷路滑，公交车司机把庞大笨重的公交车开得像是冲锋的坦克一样，横冲直撞，有恃无恐，往往过了站点却刹不住车。这时候哪里来的排队和矜持，全都一窝蜂地跟着跑啊。

冰冷湿滑的地面让人有一种南方人讲不出的痛，这不，一个上了年纪的大妈跑着跑着就狠狠地摔了一跤，厚重的棉服裹在她身上让她笨重无比，真的像个球一样打了好几个滚。场面滑稽，可是没人敢笑啊，都争先恐后地往前跑，不是怕抢不到座位，是像我身旁的忧郁小姐说的，怕碰瓷！

这时候有一个叔叔跑得太快，脚底也打了个滑，一个趔趄就在大妈的身旁摔了下来。

忧郁小姐夸张地捂住了脸，说："完了完了，那个男的肯定要被狠狠敲诈一笔了，他真够倒霉的，是祸躲不过，你看，大妈要行动了。"

是的，大妈要行动了，她好不容易重新站起的身躯又弯了下去，然后伸出了手把叔叔拉了起来，在叔叔还处于惊吓状态的时候说："唉，没事吧？雪天路滑，我刚刚也摔了一跤呢！"

那个人一愣一愣的，心却暖烘烘的。

3

和忧郁小姐在校园里，看见那么一对情侣。一米八多的大男生牵着一米五左右的女生在前方走，一前一后，看上去，像是拉着小孩子。忧郁小姐更恶劣，直接说是遛狗。

为什么忧郁小姐会如此愤懑？因为那男生是我们学校公认的才子，除了钱，什么都有，而女生偏偏相反，除了钱，什么都没有。

没有人知道他们是怎么好上的，都说他们在一起不会长久，如此不般配的爱情，除了金钱利益，还能有什么。等待着他们分手看笑话的大有人在，忧郁小姐就是其中之一。这不，她又开始不开心了，直到宿舍还喋喋不休说连走路都不并肩走，一定是女生死皮赖脸要牵手的，男生觉得丢脸才像逃开一样走在前面。

我躺在床上想着，不，不是这样的。那男生走在前面是迎着风的，他挡在女生面前，把女生的手拽得很紧，厚厚的手套包得严严实实的，还刻意放慢了脚步，配合女生的节奏，不是真的喜欢，是不会如此细心的。

或许看着不般配的爱情，往往有着我们看不见的深情啊。

4

　　为什么忧郁小姐那么轻易就不开心,我想,大概是因为她的心被岁月蒙上了一层灰。这世间的不美好、人心的叵测、心灵的瑕疵,各种不完美组成一些细小的尘埃,可我们不断地把它放大化,电视的报道、长辈的教诲、自身的经历,让我们都自认为看见了人性的阴暗面,一直感叹做好人难啊,小心翼翼地防着他人。或许不害人,可双眼看见的都是害人的。我们透过心灵的那层灰,看到的也是灰蒙蒙的一片。衣着简陋的男孩儿叫住你,是为了乞讨而不是归还你丢失的校牌;可爱的女孩儿发传单,是家长恶劣的推销方式而不是体贴父母的辛苦;妙龄女郎在街头伫立,是搔首弄姿而不是等待迟到的朋友;步履匆匆的男人接过妇女的行李,是为了抢劫而不是单纯的帮忙;看见一把刀,是为了伤害自己或他人而不是削水果……

　　太多太多,我相信和忧郁小姐一样的人也太多太多。我知道世界这么大,危险一定有,可是,如果那些不美好会影响我的晴天,那些防范会让我不开心,倒不如干脆点儿擦掉那层灰,心灵干净了,看不见肮脏的东西了,眼睛怎么都明亮。一点点的阴暗又如何,好人要付出代价又如何,不痛不痒,一点点我看不见的灰尘罢了。心净了,人就净了。

穿碎花长裙的微胖女孩儿

文星树

我特别喜欢长裙,尤其是那种及脚踝的碎花连衣裙,原因很简单,我的腿太粗了,如果不用裙子遮起来,会很难看。

我身高一米五八,体重却有一百一十斤。为了遮肉,我不敢穿短裙和短裤,因为这些衣服会让我的粗腿一览无余,于是我只能日复一日地穿着碎花长裙,踩着平跟鞋。

我曾经恨透了我这身装扮,因为这身装扮真的太土了,素色的碎花,肉色的平跟鞋,走在人群中,总有人将我湮没。可当我学着别人的样子,穿短裤牛仔裙子时,粗壮的大腿总让我有些不伦不类。于是,我只能又穿回我的碎花长裙,做一个安分的胖子。

所以在我们校园里,总有一个戴眼镜的微胖女生,她留着一头黑色长发,穿着碎花长裙,背着背包,安静地穿行在人海里，她外表似水一般的风情未解，内心却如火一样炙热地渴望改变。

我曾经把"要么瘦要么死""控制不住自己体重的女人怎么控制自己的人生""三位数的女生没有未来"之类的鸡汤作为自己的座右铭，从初中起，我就试过不同的减肥方法。但是，仰卧起坐坚持一个星期就放弃了；节食减肥坚持了两天，也放弃了；想着跳舞减肥，无奈没有什么舞蹈天份，四肢又僵硬，最后也放弃了。我一直觉得自己是个没有什么毅力的人，减肥从来都是吼吼，吼完了该吃吃，该睡睡，从来不放心上，可是我发誓，我打心眼儿里，是想成为一个瘦子的。

我羡慕那些瘦子，因为瘦子是身材好的标志，一个人瘦了，身材苗条了，就能驾驭各种各样的穿衣风格，小清新的，运动风的，甜美风的，OL风的，每天变化多端，多有魅力。所以那时候我就想，要是能瘦下来，我一定要天天穿着短裙，踩着十厘米的高跟鞋，在闹市街头里晃来晃去，让天下所有人都记得我的美。

后来的某一天，一个男生向我告白，他说他喜欢我，他说我认真看书的样子特别吸引人，他还说我穿碎花长裙的样子特别纯净美好。虽然最终我拒绝了他，但也就是那时候，我明白我并非像我想象的那样不堪，也许我的腿是粗了点儿，个子是矮了点儿，身材是差了点儿，但我静谧地穿着素色碎花长裙的样子，也是人群中一抹清新的亮色。我没有水蛇腰小鸟腿，我也不会化很精致的妆，但我看书的样子也许早就胜过无数的化妆品。

　　前段时间很流行阔腿裤，朋友们都劝我去买一条，可不知怎么的，对于阔腿裤我就是喜欢不起来，总觉得它太生硬，没有碎花长裙柔和。也就是那时候我明白，我慢慢地形成了自己的穿衣风格，也慢慢地知道，我要成为怎样的一个女生。我不要那种扎眼的美丽，我要的，是安安静静地做我自己。

　　这个世上，有各式各样的女生，她们像花儿一样争奇斗艳，可是总有一类女生，没有艳丽的颜色，却最终会成为另一种美。

梧桐生矣，于彼朝阳

束河镇里,缠一条红线给你

暖纪年

关于云南的风花雪月

"下关风,上关花,苍山雪,洱海月"。

林风眠的一条朋友圈动态瞬间引爆了她的两个闺密红豆和平安,乍看不过是一段话与几张云南旅游的九宫格。高中毕业后大家纷纷选择了暑假工或者毕业旅行,满屏努力工作与美景美食的刷屏羡煞旁人。可是苍山洱海的毓秀先抛在一边,林风眠居然……不是一个人去的?

准确来说,林风眠居然……不再是作为一只单身汪去的?

红豆和平安一边觉得这真真是羡煞旁人,一边心酸地觉得自己家大白菜莫名其妙地被谁家猪拱了。

身为一左一右两个同桌，持续性共同吐槽秀恩爱小情侣，资深好好学习单身贵族成员。天天相伴打闹知根知底，无可疑短信，无陪同回家可疑人员，排除关系人品尚好的异性好友，因为照片里是一个她们从未见过的人。那么问题来了——林风眠是怎么在短短几天脱单的？

红豆和平安接通了和林风眠的视频，她背后是蓝得透亮的洱海，山野绵延，装修古朴的店铺林立。男生比较高，只露出半张脸，穿得简洁干净，一笑露出一排整齐的小白牙。

红豆礼貌地微笑了一小下说："隐瞒亲友是大罪，给你十分钟解释，坦白从严，抗拒掐死哦。"

"这个……"林风眠有点心虚地笑笑，"你想从现在听起还是一年前？"

红豆按住突突跳起来的太阳穴，恶狠狠地回答："从头开始说！"

远　游

林风眠十七岁生日时直接拎了行李上火车，那年她高二，也是她父母矛盾最重、吵架次数最频繁的一年。家里整日弥漫着火药硝烟味，没人愿意先开口说话，仿佛说什么都是错的。

理所当然地，也没有谁想起林风眠的生日。

假装没看见天天擦肩却冷战着不肯说话的父母，假装听不懂餐桌上带刺的话语，合上门假装没听见对门房间乒乒乓乓的争吵声。

她连夜订的车票，随手从衣柜里扒拉出几件衣服，取出存下的钱，一并收拾进书包里。像往常一样上学时间出门，然后直接拐进岔路口去了火车站。

林风眠觉得自己实在是太累了，需要去一个四季如春的地方好好休养几天。

广西站附近的警察局里。

"还是学生吧，年龄这么小，怎么一个人跑到这么远的地方来？"警察大叔一边吃着工作餐，一边查看林风眠的身份证和学生证。

林风眠恨不得蹲在地上抱着头尽可能缩小存在感，好半天才小声说："旅……旅游。"

警察大叔快速瞥了林风眠一眼，慢悠悠地说："是离家出走吧？"

"……"

因为火车票订得太晚只剩下无座，林风眠打算先在广西落脚一天，隔天广西到云南有座位，她也可以顺便在广西逛逛玩玩，吃一吃闺密天天念叨着的巨好吃的螺蛳粉。

大概是一路上太过失魂落魄又是一个人，林风眠到广西站出口打车的时候才发现钱包没了。她震惊地把口袋和书包翻来翻去，只翻到书包里一堆衣服和放身份证的卡包，出租车司机不耐烦地摁了好几次喇叭，最终在林风眠讪讪道歉下开走了。

我的手机！我的私房钱！螺蛳粉误事啊！

出师不利，林风眠在广西站的门口悲伤地号啕，一边怪罪螺蛳粉一边问路挪动到了警察局。

林风眠羞愧着沉默无语的时候，警察大叔递过两盒盒饭，又看了看角落里的少年："你是今天第二个了，先去吃饭吧，我帮你们联系父母。"

少年凑近了接过盒饭，小声说："你也是离家出走的？"

林风眠凶巴巴地回应："谁说的，我是来旅游的！"

"那你为什么一个人来这么远的地方旅游啊？"

"因为我离家出走了。"

"……"

烂漫星河之下

"生日来云南旅游？我家就是云南束河的啊！有片树上缠满了红线，我高中操场旁就开满了格桑花。洱海非常蓝，可以骑自行车环洱海路一天也不腻，像现在春天的时候还会飞满红嘴鸥，还有还有……"

"好了好了，别说了，我又去不了了！"不说还好，一说反让蹲在广西警局的林风眠倍感委屈。她抱着膝盖把头埋进去,想不通十七岁的生日怎么会这么荒唐,在陌生的城市,陌生的地方,身边也全是陌生人。

她闭着眼,就听见窸窸窣窣翻找东西的声音,然后是匆匆脚步声渐行渐远。过了很久,久到林风眠以为那少年已经被家人接走了,脚步声又响了起来。她闻声抬头,刚好看见他的眼睛,他站在面前,捧着一个小小的蛋糕。

"这附近蛋糕店真难找啊,对了,广西天气不错,今晚很多星星呢。"

他们走到了门口,在小道旁慢慢散起步来,天色已经昏暗了,夜幕之上星星倾洒。

"我和我妈吵架了,因为我不想去我妈选的师范大学,毕业后到她在的高中教书,实在是太枯燥太不适合我了。我才刚说我想去很喜欢的一个北方学校学医,她就立刻气炸了,说离家太远课程太久,毕业了风险又大又辛苦。我赌气吵架去朋友家吃饭了,一回家发现她把我所有被单枕套换成了粉色还带碎花。"

"哈哈哈哈!你妈妈这么幼稚啊,哈哈哈!真羡慕你们这种家庭幸福圆满的人。"林风眠笑着笑着突然就哽住了,低着头咬了口蛋糕,又推到一边觉得铺了一层厚奶油太腻太甜——她就从没有过和父母这么腻的关系,只不过是一个有自己的想法,一个不舍得离家太远太辛苦,什么嘛,算什么矛盾啊。

"这可是理想与亲情中的重大矛盾,迟早得面对的,至于家庭幸福圆满……"

空气好像突然凉了下来,仿佛有两股穿堂风穿透破旧的房屋,发出呜呜的声响,夜空依然是那样熠熠流光,照着那少年的眼睛,愈发明亮起来。

"我爸爸啊,去世好久了。"

在黑暗中,他的声音微微沙哑,却很好听。

"我上学晚,上个月十八岁生日。我想过很多次十八岁成人时,该怎么样过一个有意义的生日,是大家一起去聚会吃蛋糕唱K玩通宵,还是去郊游烧烤,又或者自己去一个很远的地方。我期待了很多种狂欢方式,去面对我的成年。可是最后,没有蛋糕没有音乐没有狂欢,甚至于我不说,就只有我妈记得我的生日了。我像平常一样,安安静静地做完手中的题目,看了会儿手机,一个人骑单车回家。我突然觉得,原来长大的意义,是不再需要过多的庆祝和狂欢。

"我回家照着菜谱给我妈做了一桌菜,可乐鸡翅、白灼青菜、青椒炒肉,放下锅铲的时候我在心里对爸爸说:'爸爸啊爸爸,我一个人也可以把妈妈照顾得不错呢。'

"所以啊……"他把蛋糕推到林风眠面前,"有总比没有好。"林风眠慢慢地眨了眨眼,为他话里的一语双关有点心酸。

"然后呢?"

"我妈很开心,每个菜都给我留了一半,因为太难吃了,我含着泪光盘的。"

石桥上的少女

"然后我爸妈坐飞机连夜抵达了广西,找了间宾馆留宿了一晚上,第二天就赶回家了。"林风眠说。

"就是你高二没来的那一整天?然后你们就交换姓名联系方式开始不间断交流?这也太好运了吧?"平安不满地嚷嚷。

"不是啊,然后我就再也没有见过他了。"

林风眠的父母是争吵着来的,相互责怪着彼此,责任缺失整日工作不关心孩子。和善的警察大叔在门口教育调解。林风眠觉得有点儿无奈又尴尬,再加上出走的负罪感,她回头想看看那少年,却发现他目光散漫并没有看向这里。

林风眠仔细想想,她的再多抱怨,在他眼里其实都是一种身在福中不知福吧?于是她便也跟着沉默了。

离家出走,被困警局,父母争吵,也许是从头到尾局面都太尴尬且微妙了吧。没有询问姓名,没有询问联系方式,路途之中的偶然相遇罢了,一转身,就杳无音信。

林风眠转身跟着父母走了,角落里的少年突然抬起了头,歪着脑袋,好像笑了,又好像没有。

奇妙的际遇过去了，时间和往常一样，拉扯流逝得稀疏平常。只是偶尔大扫除的间歇，抬头听课的瞬间，解完一道又一道数学题的细碎时间，会突然地闪过那天的画面，像是可以暂时逃避现实，躲进一个世外桃源里。

十八岁的生日，林风眠还是去了云南，这一次是在征求父母同意和做好了攻略的前提下去的。距离高考还有一百多天的春季，以高考压力太大不在状态的理由。实际上，高考是一个压抑又沉重的气氛，但更多时候也是绝佳的挡箭牌。

林风眠这一次顺利抵达了云南。昆明丽江大理，走马观花一样，最后兜兜转转来到束河镇。

她在树上缠了红线许了愿，树上缠满了许心愿的游人系上的红线，在风中晃晃荡荡。淡季街道有些寥落，不多不少的人走着。小客栈门口有个老婆婆搬着小板凳摆摊，穿着老旧的民族服饰，洗久了发白发旧，但一点儿也不脏。她卖一些手工编织的杯垫，收纳筐，旁边放着小黑板，写着卖传统手工制品为生病的小孙子筹钱。

大概是这样的事情见得多了，停留的人很少，林风眠问她多少钱一个收纳筐，她说二十五，停了停又说，二十也行，也不知道还能卖多久了。

林风眠拿了好几个，老婆婆扯着她想给她找回五元，林风眠没肯，老婆婆拿出一个小本子，问她能不能写下自己的联系方式。

"希望以后有缘还能感谢你。"

林风眠笑笑没放在心上，路上碰见几个小孩子去摘花做鲜花饼，顺手就把编织筐送给了他们。

"等等，"闺密红豆和平安忍不住打断，"这都快说了半个小时了，怎么全是不相干的事情，男主角呢？"

"哎呀，你们要有耐心啊，虽然看起来无关，可是不说就没办法说后来的事情了。"

这一次是真的抵达云南了哦，束河镇里缠红线，丽江路上听民谣，看着玉龙雪山尖尖的冰雪一角，洱海旁小吃街一路尝着鲜花饼……可是林风眠一路踢着小石子，还是觉得有一点点寥落。

好像也不是非有这么大的执念，要来这里看风景。

她停下把小石子踢到一边，站在街道入口慢慢转过了身，像所有电影里那种慢镜头那样，时间稠得仿佛静止了。

林风眠在云南听到一个故事：

佛家弟子阿难剃度前，在路上遇一少女，从此爱慕难舍。

佛祖问阿难，你有多喜欢那少女。

阿难说，我愿受五百年风吹、五百年日晒、五百年雨打，只求那姑娘，从桥上走过。

她转过身，身后依然是稀疏平常的人群，有雕花窗的客栈挂着灯笼，随风撞出细碎声响，店里放着应景的慢悠悠的歌曲。

"在山顶揣一袖云，送给彼岸边的你，迟迟你不来，风起，吹走山雨。"

久别重逢

距高考还有两星期，学校放宽了高三的住校政策，本地的都能回家调整改善饮食睡眠。林风眠从沉重压抑的气氛中挣出来，一个人在阳台上休息，看夜空下的星星。

那天是漫天繁星，就像逃进了梦境里。

父母的转变成了前后桌最开心的谈资了，从倒数一百天的"你还不去背书写作业""手机收到我这里""还不知道收心，你看看×××家的孩子"，到最后十几天的拼命买好吃的，嘘寒问暖绝口不提高考。

"简直不敢相信，我爸妈已经三个月没吵过架没骂过我了。"平安兴奋得手舞足蹈。

"我也是我也是！高考前一个月的家长会，我妈开完会提了一袋零食牛奶核桃回来！"

林风眠的父母也没再吵过架了，看她在阳台上走神，也只是端了杯热牛奶过来让她休息。

"妈，对不起。"林风眠捧着热牛奶，没好意思回头，把下巴轻轻抵在杯子边缘上。

"说什么呢，是不是又惹什么事犯什么错了？"林风眠的妈妈一愣。

"我是说,如果你想做选择,就按自己的想法去选吧,不用非要考虑我,我已经成年了,能照顾好自己。"

"说什么傻话啊。"她停顿了好久,接过空玻璃杯,不知道什么时候离开了。

我也不希望说这样的傻话,我也希望能永远一家人在一起,我也不想有别的什么人来陪伴我的父亲母亲,瓜分本来属于我的父爱母爱。可那又有什么办法呢,我更希望,你们能自由且快乐。

林风眠的手机铃声突然响起来,陌生的一串数字,如果平常她肯定不会接,可是今天很凑巧,她恰好有空闲。

"你好,请问是林风眠女士吗?"

"嗯,是,我中大奖了?"她的口气微微调侃。

对方听见她声音不知怎么愣了几秒,停顿一下才说:"不是的,我是云南束河镇福利院的志愿者,有个经常卖编织物的婆婆不久前去世了,她有个本子上记录过一些好心人的电话号码。"

"是这样啊……"记忆突然被拉回束河镇,已经很老了的婆婆说真不知道怎么感谢你才好。电话里的声音,微微沙哑却很有磁性,她突然觉得有段记忆像风一样难以捕捉。

"她的遗愿是能够打电话感谢每个人,但她没有手机,也看不大清小本子上的字了。她说真的很感谢帮助过她的人，祝你万事如意，一生无病无灾。"

他的声音在夜幕中愈发清晰，微微沙哑的，连带着呼吸都可闻。

说完，林风眠和对方都没有挂断，时间被一点点抻得漫长，他们犹豫着，几乎是同时地说出：

"我是不是？认识你？"我有多少次想起那天的甜得过分的蛋糕，清凉干净的夜空，无穷无尽的苍穹。我站在钢筋森林之间，星河之下，整颗心都寂静下来，银河多像天神随手打翻的水彩颜料，铺天盖地地铺满了星河。星球之外另有星球，也许宇宙之外还另有宇宙。而我们分明就是沧海一粟，投入十几亿的漫漫人群就再无影踪。

但我与你，久别重逢。

梧桐生矣，于彼朝阳

七 友

1

我叫林梧桐。

第一次见到苏朝阳是在食堂。

学校里有很多流浪狗，到了饭点就会聚集到食堂，然后围着桌子跑来跑去，眼巴巴地望着你，想要讨点儿吃的。

那天，我刚端着盘子坐下，一只脏得发灰的小狗蹲在我的脚边，仰着头看我。我有些无奈，因为今天我没有点荤菜。"今天没有肉，再看也没有啊。"

我不忍心再和它对视，低着头想赶紧把饭吃完，它却跑走了。没一会儿，我就听见后面有人在说话："呐，吃吧。"

我回头看。一个男生，背对着我，看不见他的脸，一只手吃饭，另一只手拿着肉喂小狗。这让我忍不住想笑，因为他竟然也会跟小狗说话。我以为就我会这样神经兮兮地跟动物说话。

我飞快吃完饭，端着盘子要走。但好奇心使然，我忍不住特地从那个男生的面前走过，想要一探究竟，看看这是一个什么样的男生。我偷偷瞄了一眼这个男生，没看清他的脸，只注意到他的眼睛，炯炯有神，很有民族风情的眼睛，很漂亮。这是我第一次注意到这个男生，但是我不知道他就是苏朝阳。

那天在食堂见过苏朝阳之后，我连续一周都会在学校的不同地方碰到他。食堂、走廊、校门口、停车场……我觉得很奇怪，又觉得好像遇到不过是巧合。

再在食堂遇到苏朝阳的时候，我忍不住看了他一眼，他也看到我了，朝我点头示意，还冲我笑了笑。我还没反应过来的时候，他已经走了。

一旁的林潞挑着眉，笑着看我，"梧桐，有情况啊！快说说你是怎么认识苏朝阳的啊。"我皱着眉，低头回想，总感觉好像哪里看过这个名字。

"是他！"我恍然大悟。

在上个学期年级百名榜上，我看过这个名字。那时候我在找自己名字，偶然间注意到的。我是第二十名，第一排倒一个,他是第十九名,第一排倒二个。

"梧桐生矣,于彼朝阳。"我脑子里突然跳出这句话,没反应过来话已经说出口了。

"什么意思啊?"突然有个人说话了,是一个男生。我愣了一下,没好意思接话,赶紧低着头急匆匆地走了。

我一直都在写小说。

当我第一眼看到苏朝阳的名字的时候,就萌生了要为这个名字写一个故事的念头。但是我迟迟没有动笔,因为我很难想象有着这个名字的男孩儿会有一个怎样的故事。

苏朝阳这个名字给我留下了比较深的印象。

"看不出来我们梧桐还会认识这样的人啊,是不是有什么猫腻!"林潞笑得很欢,不得不说是那种极其夸张的笑。因为我太孤僻,自我保护意识太强。在学校,除了她,我几乎没有别的朋友,更别说又认识了一个新朋友,还是个男生。

"别瞎说,我就是最近老是莫名其妙地遇到他。"我瞪了林潞一眼,然后走向打饭的窗口。"好啦,我也就开个玩笑嘛。"林潞赶紧跟了上来。

从那天和林潞在食堂遇见苏朝阳之后,我们好像已经算是朋友了。苏朝阳刚开始只是笑着向我点头示意,后来竟然叫出了我的名字,这让我觉得很不可思议。在我一脸茫然的时候,他已经走远了。

苏朝阳让我觉得很神秘,但我没有打听过他,我不太习惯做这种事情。

我不打听并不代表我不会从别的渠道听来他的消息。自从林潞见过苏朝阳一面以后，她俨然变成了一个情报员，时不时地把她打听到的有关苏朝阳的消息告诉我。她说苏朝阳不仅人长得帅，成绩还很好，打得一手好篮球，还有一些女生喜欢他，他高一的时候三班有个女孩儿喜欢他。这个学期五班的女孩儿又给他塞了情书等消息。

然而整整一个冬天过去了。我也算是知道了很多他的事，但我们没有好好地做过自我介绍。我不敢跟苏朝阳说话，因为我们俩性格差很多。

苏朝阳总能在一群人中谈笑风生，谈学习谈运动，他的笑容总是很灿烂。而我则显得不合群得多，不爱和人说话，也不太爱笑。

但慢慢地，看到他笑着跟我打招呼的时候，我也会笑着跟他问好。

我发现自己越来越关注苏朝阳了，甚至能在人群中一眼找到他。

后来我在一本书上看到一句话，"喜欢上一个人的时候就像突然有了在人群中一眼就找到他的超能力。"

那时候的我不知道这就是喜欢啊。

2

我记得第一次和苏朝阳交谈是在一棵桂花树下。

不过那是高二下学期以后的事了。

南方的小镇路边种满了桂花树,到了四月中旬的时候,树上开满了桂花,走在路上都是甜甜的味道,好像无论街头巷尾都能闻到这香气。而我喜欢在桂花盛开的季节漫无目的地走,再在陌生的路上选一棵桂花树,静静地坐着。

那天傍晚我像往常一样,穿过一条陌生的巷子,到一条陌生的街,找一棵桂花香最浓的树。不说话,就只是坐着,看着往来的形形色色的行人,猜着他们的故事。

苏朝阳就这样突然出现在我的视线里,这是我第一次在校外遇见他。他在马路的对面,慢悠悠地走着。我看着他,就走神了。

待我回过神来,苏朝阳已经站在我面前,"这么巧啊。"

"啊?啊,嗯。"我愣了一下,然后看着苏朝阳点了点头。

"你知道我叫什么吗?"苏朝阳突然问了我这个问题。

"知道,苏朝阳。我听过很多你的花边新闻。"我也不知道自己怎么了，看着他的眼睛，竟然鬼使神差地说了多余的话。

苏朝阳一听就急了，"是谁这样在你面前败坏我的名声啊？"

我忙低头盯着落在地上的桂花，觉得有点儿尴尬，"准确来说，是听说很多人喜欢你。"我小声地说。

苏朝阳轻叹了一口气，然后嘿嘿一笑，"吓我一跳！"我没觉得他尴尬，反而觉得他的语气中带着高兴。

"时间不早了，早点儿回去吧，我要去上补习班了，我走啦。"苏朝阳拍了拍我的头，然后向我挥了挥手。

"嗯，再见。"一向讨厌陌生人套近乎的我竟没觉得有什么不妥。他走远了，我看见他的背影模糊在一片五颜六色的光斑之中，很好看。

那天回家的路上，我一直在想苏朝阳，想为什么会一直遇到他，想为什么他会跟自己打招呼……

我觉得苏朝阳喜欢我。

3

时间是掌中细沙，总是从指缝间不经意溜走。

高二上学期的时候还有些空闲，写了些故事。但是这个学期苏朝阳的故事都才写了开头，夏天就来了，蝉鸣一片，荷花满塘。

写之前我思量了很久，可算是动笔了。

就写我和苏朝阳的故事，我已经很清楚地知道自己喜欢苏朝阳了。但相识本就是偶然，结局不知归何处。我们马上要高三了，如果两个人考不上同一所大学，喜欢什么的都是白搭。

我选择退到我的安全线后，不靠近，不触碰。

我的物理不好，放假前妈妈就找了学校教物理实验班的周老师给我补习，每周去四次。我觉得这个暑假会很忙，忙到没有时间在街上闲逛，更别说遇到苏朝阳了。可能等到这个暑假过去，我们就会渐行渐远。然后就这样，相安无事，一直到高考结束，青春的故事也结束了。

然而我却没想到，第一天去补习的时候就遇到了苏朝阳。

我照着妈妈给的地址找到了周老师家，敲了门，竟然是苏朝阳开的门。我赶紧下意识地后退了一步，"不好意思，我走错了。"

苏朝阳听到我的话就笑了，"你没走错，这里就是周老师家。"我往里面看了一眼，周老师就站在苏朝阳的身后。

原来苏朝阳也是来补习的，但是周老师已经帮他补习很久了，他是周老师的侄子。

周老师家的客厅很大，有一张实木的大书桌。一边坐着我，另一边坐着苏朝阳。

"林梧桐，这题我会，我教你吧。"苏朝阳在我一脸痛苦的时候向我伸出了援手。

我想也不想就拒绝了他的好意，"不用了，一会儿周老师出来了我再问吧。"

"我姑姑出去了啊，你没看到吗？"

"什么时候啊？我怎么没注意到？"我一脸茫然地看着眼前大片大片白得刺眼的卷子。

"就在刚才，她说她有事情出去一下，还让我帮着教一下你。"说着就搬着他的椅子坐到我旁边。

他很认真地给我讲题，每个步骤都写得很详细，草稿纸上画了一堆的图。我听得很认真，但是总觉得闻到一股香味，像是他喷了香水。

我觉得味道很好闻。

补习休息的时候，我发现周老师家养了一只英国短毛猫，它静静地趴在客厅角落的一块软垫上。苏朝阳说它的名字叫三斤，但是以我的观察它的体重肯定超过三斤。我轻轻地走过去，蹲在三斤的旁边逗了它好一会儿，跟它说话，但它都不理我。

一天我正专心致志地做卷子的时候，三斤竟然跳到了我的腿上，很慵懒的样子。我惊讶地叫了一声，苏朝阳一愣，赶紧跑到我身边。在他看到三斤懒洋洋地趴在我腿上的时候，有点儿不满的样子。

"这个没良心的家伙，我每次来都不让我抱！这才没几天就投入一个女生的怀里！"他愤愤不平的大男孩儿的样子让我觉得很可爱。

苏朝阳索性直接蹲在我脚边，然后试着逗它，我有点儿哭笑不得。但是三斤只是眯着眼睛看他，朝他打了个哈欠，就不理他了。

后来每次三斤乖乖地趴在我腿上的时候，苏朝阳都会坚持不懈地来逗他，甚至企图抱它，但他的手一伸向它，它就会瞪着眼睛，挥着爪子时刻准备挠他，戒备心很强。

我觉得三斤在某些地方和我很像，我们都在防着苏朝阳。

尽管我防着苏朝阳，但是我们好像变得越来越熟了。

4

最后一次去补习的时候，我在周老师家的楼下遇到了苏朝阳。

"林梧桐。"苏朝阳叫了我一声。

我有点儿疑惑，"怎么了？"

"今天我请你看电影吧。早上我已经给我姑打电话说了今天有事不去补习，你给她发短信说不舒服就不去了呗。"苏朝阳看着我，他那双漂亮的眼睛盯着我，好像有魔力一样。我就照着他的话，发了短信。

我们就这样去看电影了。

电影叫什么我不记得了，但应该就是一个青春的故事吧，结局不好。

看完电影我们就在街上瞎逛。

"欸，林梧桐，你记得我们第一次见面的时候吗？"

我回想了一下，"在食堂？"

"不是，是我问你'梧桐生矣，于彼朝阳'什么意思的时候啊。"

"那个人就是你！"我很惊讶。

"对啊，不然你以为是谁。"

"我那时候没看到说话的人长什么样。"我有些无语。

"林梧桐，我后来回去查了一下意思，应该是说梧桐朝着有阳光的地方长吧。"

"你这样理解啊！人家这句话说的主角是凤凰，可不是梧桐。我只是觉得这句话挺有意思的，我们俩的名字竟然串在一句诗里面了。"我不禁有些想笑。

"是啊，很有意思。"苏朝阳意味深长地接了一句话。

我不知道该怎么接话，气氛有点儿不一样了，我们俩变得有些沉默。就静静地走着，我跟着苏朝阳漫无目的地走，竟然走到了那棵桂花树下，我们第一次说话的那棵桂花树。

八月的桂花又开了，香味扑鼻。

"林梧桐，我们在一起吧。"

苏朝阳的话像一颗炸弹丢了过来，把我的脑子炸得晕晕的。

他继续说："我觉得那次你说的那句话冥冥之中就有点儿注定结局的感觉。从那次以后我就一直在关注你，也不知道什么时候就喜欢上你了。"

我转过头去看他，眼神坚定，眼睛亮亮的好像闪着光。

"我也做了很多傻事想引起你的注意，不过好像都没有成功。"他有点儿不好意思地挠了挠头。

"但是我没想到我的一个无心之举反倒引起你的注意了。"

听着苏朝阳的话，我觉得自己小说的故事好像有了个明朗的结局，也是我的结局。

"虽然马上就要高三了，我也担心影响你，但是我怕我下手太晚，到了大学你就被别人拐跑了，我们一起加油，肯定能上同一所大学……"苏朝阳像个老爷爷，唠叨个不停。

"好啊，一起上大学。"

他像是被摁了暂停键，突然就沉默了，但是我觉得喜上眉梢这个词特别适合形容他现在的表情。

我们顺理成章地在一起了。

5

正式在一起没过多久就开学了。高三一开学就格外忙，我们并没有很多的时间待在一块。

就像文科老师总有说不完的话一样，理科老师总有讲不完的题。我班上的老师个个都喜欢拖课，我们总是最后一个放学的班级。苏朝阳总是在放学后第一时间到我的教室门口，一边等我，一边背单词。

我们都在努力和对方保持同样的脚步。

苏朝阳对我很好，但是我那时真的觉得这场恋爱来得太迟了，以至于我们没办法好好的像一对高中小情侣一样悠闲地混日子，谈恋爱。

我甚至想过放弃。

但还好啊，我们都坚持下来了。

高考那天，苏朝阳在校门口等我。

"怕吗？梧桐。"苏朝阳看着考场的方向问我。

"怕什么，都准备这么久了。对了，苏朝阳，我一直都很想问你，你身上为什么老是有一股香味啊！"我看着他。

"是不是傻啊！那是我一直用的一种纸巾的味道。"他拍拍我的脑袋。

"给我一张。我觉得那就是你的味道，闻着安心。"

"傻瓜。"他捏了捏我的脸,然后握住我的手。

进考场的时候,我总觉得是一场两个人的并肩战斗。很刺激,很安心。

6

人们总说青春的故事要留点儿遗憾才美好。这个最美年华的故事终究不过是曲终人散。

但我很感恩,我没有留下遗憾,至少在苏朝阳身上没有。

梧桐生矣,于彼朝阳。

余生皆幸会

千 岁

1

老哥把罗涟西领进家里来的时候，我正在阳台吃着冰棍看小说，一回头就看见一个陌生的女生拎着行李箱径直走进来。老哥用一种没得商量的口吻通知我，我的书房要让给她住，赶紧把那些乱七八糟的小说周边什么的收拾好。

我刚想朝老哥哀号，余光瞥见女生看向我，带笑的眼睛看起来特别灵动，我想说的话突然就憋回去了，心里就只剩下一个念头：这妹子长得真好看啊。

她叫罗涟西，老哥七拐八拐的关系网里某人的女儿，考上了这边的附中，等开学我俩就是同学了。

那天我陪她一起收拾书房，她精准地从一堆小说里刨出一本同人漫画，朝我一扬，笑眼弯出一个狡黠的弧度，她歪头问我："你也看这个？"

自此，我跟罗涟西一拍即合。

原先的暑假，我从来都是窝在家里刷番刷小说，实在无聊就组团在游戏里打怪。老哥没少站在旁边冷嘲热讽，别人家的女孩子，哪个不是活泼可爱撒娇爱闹，就我两眼一抹黑地冲向宅腐这条不归路。

我就朝他龇牙一笑，没搭理他。

罗涟西的到来，直接间接地丰富了我的暑假生活。我们用牛奶煮红烧牛肉面喂楼下的砸砸，把砸砸刺激得看见我们就一个劲地炸毛。砸砸是只凶悍的大猫，被楼下老太太养着，除了老太太，砸砸看不惯所有物种，收拾了这一片所有敌对势力，成了我们小区一霸。

我几次在楼下被它偷袭，挠坏了我好几条牛仔裤。砸砸咕噜咕噜地朝老太太求救，老太太一脸笑容看着我们喂砸砸，小心嘱咐了一句："你们这俩孩子啊，就是能闹，小心点儿别被砸砸抓到了啊。"

我仿佛听到了砸砸心碎的声音。

砸砸恼羞成怒，狠狠一甩尾巴，转过身冲我俩一挥爪子，哭哭啼啼地跑了。我跟罗涟西蹲在一旁，差点儿笑瘫在地上。

我们一起吃冰，一起看电影，一起在榕树下坐着，看每一个路过的人的笑脸,感受纯粹的快乐在体内乱窜。罗涟西,那个朝我笑的姑娘,是我乏善可陈不抱任何期待的生活里,最浓墨重彩的一笔。

2

附中高一阶段课业不重,纪律也松散,我扯了张借条向班长一挥就算请示完毕,班长朝我翻了个白眼,摆了摆手就放我走了。我收拾好东西往校门口跑,罗涟西已经在了,双手插兜在哼歌,看见我便问:"今天看什么?"

"《死亡诗社》。"我扯着她的袖子跨步往前走,"快点儿,马上就八点半了。"

她一听,赶忙追上了我。身后不知道是哪个老师朝我们喊:"你们哪个年级的?"

罗涟西笑嘻嘻地回头朝他喊了一嗓子:"老师,我们请假去打针!"

我们俩一起往电影院跑,天还没完全暗下来,路灯却已经一盏一盏盈盈地亮着光。我们手拉着手往前跑,风飕飕地从耳旁刮过,我们无拘无束,把它们一并甩在身后。

关于《死亡诗社》,我不能免俗地被那句"Oh, Captain! My Captain!"所震撼。我不知道,罗涟西看着那个如同精灵般的少年尼尔,看他打开窗让雪飘散在自己身上,头戴荆冠,走向他理想的国度时,心里压抑的难过。

　　落幕散场时，我抓着她的手，好像摸到了她落在手上的眼泪。

　　而那个时候，她不动神色地抽回手，抱怨说："刚有个人撞我一下，可乐洒我一手。"

　　走出电影院，离放学还有一阵子，我们沿街乱逛，街边有小贩在卖烤鱿鱼，带着微微焦香扑鼻而来。我和罗涟西对视一眼，一人一串站在冷风里笑。

　　我突然想起了学校最近发的分科意向表，问她："你学文还是学理？"

　　"不知道。"她咬着鱿鱼含糊不清地说，"我还没想好。"

　　我朝她眨了一下眼睛，"那跟我一起学文啊，文理楼要分开的，一起学文说不定能分到同一个班。"

　　她笑着说："不行！我突然发现我对物理情有独钟。"

　　我没理会她故意唱反调，罗涟西成绩比我好，可我们俩也差不了多少，她对理科没有什么很大的兴趣。如果一起选文，分到一个班的概率还是挺大的。

　　回家时，老哥已经等我们很久了。学校突击检查，班长尤其不靠谱，我和罗涟西两个都算无故旷课，老哥作为监护人，第一时间知道了这件事情。我以为他又会苦口婆心地叨叨我们半天，却看见他神色带了几分严肃，招手让罗涟西过去。罗涟西先是一愣，随即像是恍然，又夹杂着说不出来的气愤和无力。

我不知道他们在说些什么，抓耳挠腮地在房门口等罗涟西出来，我不担心老哥对罗涟西说什么重话，只是觉得心里特别慌。等我终于按捺不住要开门进去的时候，我听见了罗涟西的声音，她说："我妈都管不了我，又关你什么事！"

我从来没见过她这副表情，像是一只被冒犯的兔子，哆哆嗦嗦地打算咬人一口。她平日里带笑的眼睛透着很重的水光，通红通红的，要死命咬牙才能忍住不哭出来。见我开门进来，她抹了下眼睛就冲了出去。

我也慌了，心急火燎地问老哥："你到底跟她说什么了！"

老哥叹了口气，反问我："她在文理分科意向书上填了艺术，你知道吗？"

我无言以对，我真的不知道。

3

如果有人问我：你如何想你的未来？或者你有什么梦想？我可能只会开个玩笑混过去，因为我不知道。我的人生简单而光明，只需要听着爸妈老哥的话一步一步往前走，没人对我抱有多大的期待，我也不必背负多沉重的担子。

像是猛地被罗涟西的眼泪刺激到，我才发现，我在走一条一眼就可以望到尽头的路。没有理想，没有追求，没有特别的闪光点，我就是芸芸众生中再普通不过的一个平凡人。

未来像是虚晃在我眼前的一团灰蒙蒙的影子，我偶尔可以瞥见它的一角，时常不以为意置之而过，而此刻，它张开大口朝我轻蔑一笑。

我没有去追罗涟西，只是突然想起她的妈妈，那个来去匆匆的母亲。我们曾经在街上撞到过她，在我去买饮料的空当，她突然出现。

罗涟西正在翻一本画册，那是她喜欢的一个插画家几米的绘本。几米的笔触温柔，心里有一个天马行空的神秘世界，让她深深着迷。

而她妈妈，一言不合抓起绘本丢进了垃圾桶里，把她带走了。罗涟西低垂着眼跟在她身后，远远地回头看了我一眼，让我回家。

我以为只是她妈妈没有找到她在生气而已，哪里想到过这是她毫不掩饰的反对和控制欲。

她妈妈老是要出差，罗涟西从小就被四处托管，在不同的人家辗转。她的爸爸是个落魄画家，英俊而浪漫，可浪漫管不了饭，很快他们二人离婚，罗涟西跟了妈妈。从小，阿姨就对她所展露出来的艺术天分深恶痛绝，看不惯罗漪西跳领舞,看不惯罗漪西被老师称赞很有灵气,看不惯所有夸奖罗漪西漂亮出色出类拔萃的老师同事,她恨不得把她女儿叠吧叠吧揣在兜里,永远不让别人看见。

可罗漪西她是个人,一个人怎么可能被这样封闭地爱着呢。

当天夜里,罗漪西回来,我给了她一杯热牛奶,她没有接,只是带着满身凉意搂住我,她的声音轻轻地传过来:"我不会听他们的,谁都别想让我听他的。抱歉啊,不能陪你念文科了。"

我鼻子一酸,用力回抱她。

罗漪西这个人,时常恃美行凶,仗着自己长得好看,经常变着法笑话我。她那么讨人喜欢,连总朝我龇牙咧嘴的小混球砸砸都喜欢跟着她,这个人像是会发光一样,把我衬得灰头土脸的……可我多希望她就这样一辈子嚣张地发着光,永远都不要灭。

4

分科意向表已经收上去,罗漪西长出了一口气,偏过头说:"再过几天我妈就要来了。"

我摸摸她的头,故意说:"多大点事儿,她不要你就来我家。"

在附中,艺术生名声不太好,正如大多数学校的艺术生名声都不怎么样。一个学校，永远是成绩占主流。可在附中，艺术特长生是有特权的，允许不穿校服，借口训练甚至可以不用上晚自习。

学校大赦艺术生们的美学，旁人兴奋地雀跃，罗涟西却一点儿也不在意，依然穿着不打眼的校服在画室里琢磨。有人邀请她一起去玩，她摆摆手就拒绝了。

那个时候，总有人羡慕艺术生们，他们不像高中生，像是大人一样光鲜亮丽，多棒啊。单调的成绩比不上渴望的玩乐圈子，好像进了这个圈子，就能成为校园里最亮眼的明星。

可罗涟西不这样，她不在乎旁人的眼光，也懒得招呼什么圈子。在有些女生因为小恩小怨彼此红眼时，她穿梭在校园里，想玩就玩，就算是独来独往，也乐得自在。在同龄人尚且辨不清前程时，她已经走上了一条清晰而坚定的道路。

这样的罗涟西，实在是我见过最酷的女生。

她也经常不上晚自习，在画室晃荡一晚上，到点就到班门口等我一起回家。

时间还早，她靠在后门翻一本速写摹本，有些入神，还沾着铅灰的拇指就要往嘴里送。我收拾好东西正要出来，抬手就拦住她的手指，"你也不嫌脏。"

她没心没肺地笑。

我们踏着月色回来，她跟我抱怨讲画室老师嫌弃他们打形打得不准，每个人都被罚了二十张素描，三天后就要交，简直丧心病狂。

话音没落，看见昏黄的路灯下一道长长的影子，她整个人都愣住了。

老哥说阿姨还有几天才会到，没想到她当晚就回来了。这是我第二次看见她，原来不在盛怒下，每一个母亲，其实都是眉眼温和的样子。

她朝我打了个招呼，陪我们一起回去。

我看着阿姨自然地接过罗涟西手里的速写摹本，问她："你自己决定好了吗？"

罗涟西先是一愣，随即惊诧，认真地点头。

老哥曾经对我说，我不能总是这样，永远凭自己的主观去臆测别人。罗涟西不是需要我保护的小鸡崽，她独立有主见，每一步都走得坚定而执着。可永远错失女儿成长的阿姨，她难免把罗涟西当成孩子，要时时关照她的未来，生怕她会跌倒摔疼。

我不知道在阿姨眼里，罗涟西是怎样的女儿，聪明漂亮，又有点儿傻有点儿犟。是不是在每一位母亲眼里，女儿都是这样有点儿傻有点儿犟，所以才总是无法放心。

阿姨隔天就走了，罗涟西去送她，她出门时蹦跶了一下，眉梢都挂着开心。如果有一种东西可以消弭因为距离而产生的隔阂陌生，那这一定是真诚，也只有真诚了。

5

从罗涟西去杭州集训到如今，已经过去六个月了，她并不经常给我打电话，即便是有也总是匆匆忙忙地掐时间，有时候还说着话人就已经睡着了。我很难想象她的日常到底有多累，却也清楚那条看起来色彩斑斓的美术之路远没有看上去那么动人。

想祝她好，让她在为理想一往无前时不带枷锁，只揣着无限的憧憬和美好。可她从不抱怨这个，她吧啦吧啦地讲着谁谁谁手机掉进水桶里泡了一下午竟然没坏，谁谁谁没看清一屁股坐在了调色盘上……笑声隔着万里钻进了我的耳朵，仿佛她从来没有离开过。

我始终清楚地记得，在那一天下午，我跟着她去画室，窗帘拉得严严实实，只余一小条缝漏着点光。

罗涟西伸出拇指蹭了蹭画上罐子的阴影，我坐在凳子上摆弄她削好的炭笔。她看了我一眼，突然说："其实我也不知道我到底要做什么，我学画是因为什么。

"不是纯粹多热爱艺术，也没有要因为这个成名还是怎么样，可我就是希望有一天，我能给人看见一些东西。这个世界未必非黑即白，没有太鲜明的对立，可也不是完全混沌的灰色。有些人沉醉于迷茫的幻觉里，因此而挣扎，我觉得完全没必要。

"我想让人看清世界的真实，也想让人看见他无法忽视的美好。"

她猛地拉开窗帘，大把大把的日光照进来，整个画室明晃晃的，实在太刺眼了。可我听见了罗涟西的笑声，她扑向我，大声说："就像这样，因为刺眼让人无法忽视，但没有人可以否定他的存在！"

她终将奔向她的理想国度，在我的视野内、视野外熠熠生辉。

没有人可以否定她的存在，和她不灭的光芒。

后记：以此文送给我永远的小伙伴康杨同学，祝她联考校考一切顺利。也希望今后，她能继续给我数不尽的惊喜和感动。

亲爱的康杨呀，与你相逢只是一遭，而此后的余生都是幸会。

海风夕阳都没忘记

阮 瓷

我想我不认识梦里那个女孩儿,但一次我即将醒来时听见自己模糊不清地喊一个音节:"yu……"

1

我开始反复地做同一个梦。

周围是混沌的黑暗,寒冷潮湿得像蛇一样缠住我无法呼吸。只有遥远的尽头莹莹透出一丝光芒,我拼命奔跑着追赶,可那丝光芒始终与我若即若离。我无法靠近,它亦不曾远离。有时追得急了,光芒里仿佛娉娉婷婷站着一个女孩儿,如瀑长发,几乎和周围光明融为一体的白裙。每每这时,我想看得更清楚些,却挣扎着醒来。

背上的冷汗浸湿了睡衣,脸上竟也是湿漉漉一片。

我想我不认识梦里那个女孩儿,但一次我即将醒来时听见自己模糊不清地喊一个音节:"yu……"

"yu。"白天我清醒的时候不停尝试地念不同的声调:与、雨、迂……但它们与我大脑深处的记忆没有共鸣。我也向爸爸妈妈假装不经意地提起,但他们突然变坏的脸色,让我不得不识趣地闭嘴。

我有限的记忆告诉我,我是被爸爸妈妈捡来的。抱回来的时候是冬天,我饿得嗷嗷直哭,小脸冻得青紫青紫的,不停发抖。是妈妈悉心照顾我,把我养大。我不想让他们多心。

可是小时那段模糊的记忆里,分明有另一个人。她在妈妈不在时逗我开心,带我出去玩,渐渐长大后,她和我一起在院子里那棵大槐树下捉天牛,去附近李爷爷的田里偷西瓜,被逮到大呼大叫地逃跑。第一次成长为少女不知所措狂跳的心,夜晚挤在一张床上讲着彼此才懂的故事。

我记不清她的模样,而爸爸抽着旱烟格外坚定地否决了这样一个人的存在。

爸爸妈妈说没有,那就没有吧。

2

我不经意向杨云洛提起的时候,他瞪大眼睛望着我说:"小忆你怎么能忘记……"

他没有说完，因为后面匆匆走来的杨妈妈一把拧住了他的耳朵。

杨妈妈的神色里是掩不住的慌乱，她一边捂着杨云洛的嘴一边死命地把他往家的方向拖。

他俩即将消失在小巷的拐角处，杨妈妈才冲我喊了一声："小忆你别在意啊，云洛他最近游戏打多了，头脑不怎么清醒，有时间来我家玩，阿姨做小黄鱼给你吃！"

我傻傻地应了一声。还在回味杨云洛对我说的那句未完的话。

我怎么能忘记……我忘记了谁？是她吗？

3

晚上我又做了那个梦。

只不过那个女孩子这次离我很近很近，我甚至能看见她纤细的睫毛，唇角边有一粒俏皮的小黑痣，我怯怯地开口："你……你是yu吗？"

女生安静地笑，不言语。

我们俩就这样无声地面对面站着。女生很美，我有点儿自惭形秽，也不敢大声呼吸，她在我面前像一团朦胧的雾，微风就能把她吹散。

梦的最后，她轻轻抚上我的脸，冰凉的触感让我禁不住打了个寒战。她缓缓开口，声音清脆动听："羽姐姐……"

是脸颊旁愈来愈冰的感觉把我惊醒，我才发现自己紧紧贴着墙壁。

羽姐姐……我怔了好半天。我不是莫忆吗？她为什么喊我羽姐姐？

我开了灯下床。已是深夜，小镇看起来格外静谧美好，这时候站在窗前会有一种渗进骨髓的孤独感。

可是那种奇怪的感觉又来了，好像很久以前也有人半夜睡不着爬起来陪你一起看夜景，小声感叹着世界怎么会如此安静。然后她转过身望着你，说就像只剩下我们俩一样。

我有点懊恼。

我想我好像真的忘了点儿什么东西。

4

我拦住了杨云洛。

昨天还一脸打抱不平的男生今天吞吞吐吐地辩解说："小忆昨天我真的是游戏打多了头发昏，所以说错了话，你别往心里去，莫叔莫姨就你一个女儿，真的。"

我恶狠狠地抓住他的胳膊咬了一口，我说："杨云洛你别跟我装，我知道你一说谎就结巴。说吧，我是不是有个姐姐叫莫羽？"

他的眼睛立即添上了一层惊慌失措，他尖叫了一声抓住我的肩膀："小忆你想起什么了？你不是忘记她了吗？""看，招了吧。"我冷笑一声，打开他的手，"我没想起什么，我就知道我有个姐姐叫莫羽，那她现在去了哪里？"

杨云洛挠挠头，"呃……这事你别问我，问莫姨去。你们家的事我知道的也不多。"说完他飞快地溜走了。

我转身往家走，刚走到家门口，妈妈就扑出来抱住我，我感觉有什么痒痒地爬进我的脖子。紧随着妈妈身后的是爸爸，他依旧抽着旱烟，烟雾缭绕模糊了他的面容。

妈妈的眼泪把我弄蒙了，我还没问怎么回事她就搂着我哭道："你杨阿姨都告诉我了，你想起来了是不是，羽羽，是妈妈不好，小忆的死不是你的错，你不要自责了……"

我傻傻地愣在原地，半晌才开口："妈你怎么喊我羽羽，我不是莫忆吗？"

5

莫忆两个月大时被捡回来，那时候莫羽即将满一岁，刚会蹒跚地扶着墙走路，对这个尚在襁褓一碰就哭的小孩子表现出极大的好奇。

妈妈一边哄着怀里哭个不停的莫忆，一边对站在一边的莫羽叮咛："羽羽看哦，这就是你以后的小妹妹啦，你要好好照顾她，我们小忆真招人疼哦……"

莫羽似乎在那时就早早肩负上了照顾莫忆的责任。

莫忆难过的时候要逗她笑，莫忆无聊了要带她玩，莫忆做错了事姐姐没做好榜样也跟着一起受罚，莫忆受了伤姐姐怎么没有保护好她呀……诸此种种，莫羽终于渐渐对这个古灵精怪，出落得一天比一天好看的小妹妹心生不耐。甚至睡觉的时候莫忆都要和她抢被子抢空间每每使莫羽被挤到墙边上半夜被冻醒。

这些莫羽都能忍，可是她们十四五岁情窦初开时，莫忆偏偏跟她喜欢的男生走得很近，不时勾肩搭背笑得东倒西歪。

莫羽十六岁生日那天，她不喜欢热闹独自走到一边，就看见男生对着莫忆一脸郑重地表白，然后莫忆点了点头说好，就是那一刻嫉妒的小火苗冲上来几乎烧红了莫羽的眼睛。

那年暑假，莫忆又扯着莫羽去海边捡贝壳。小镇临海，每年夏天她们都回来捡贝壳，回家穿了洞挂成一串，风一吹呜呜呜仿佛能听见海浪的声音。

那天莫羽一直在沙滩上想心事，莫忆倒是蹦蹦跳跳走了很远，最后小腿几乎淹进水里。她欢快地大喊："羽姐姐羽姐姐，你看这里有只海……"后面的话她没有说出口。

涨潮了,莫忆不善水,脚下一滑,整个人跌进海里,她最后说的话是一个单调的音节:"yu……"

那天,海风骤烈,夕阳如血。

莫忆是谁?
她没有来过。

夜晚黑暗,你却璀璨

与那些夏天无关

北　方

1

似乎是在看一本书，突然就哭了。

五分钟前我还告诉自己要克制住，然而脑海里那个洒满了路灯的熹微光亮的街角，却在脑海里越发地清晰，怎么也不肯落幕。那个街角实在过于清晰，我甚至错觉自己蹲在那里，头顶是一片巨大的寂静。

那个街角里，我手里握着手机，蹲在角落里微笑着，幸福又心酸地安慰你。

2

在外人面前坚强得无懈可击，而晚上猫在被窝里偷偷地哭的那种人，就是你。

这样艰难的坚强，若是我，我宁可不要。可我毕竟不是你，不能替你做抉择，你毕竟是老师眼中独一无二的星，必须足够坚强，足够完美。

自己一个人背负着"聪明""学霸"的光环，深夜里一边流鼻血一边做卷子；被无数男生告白仍要保持微笑，因为害怕他们伤心不肯直接拒绝，最后却被其他女生说是享受着喜欢的感觉的心机婊；在喜欢的男生打篮球时，不能如同其他女生一样握着矿泉水瓶在一旁等待，只是坐在教室里偷偷看几眼；平时参加英文演讲比赛轻轻松松获得很多奖项，背地里却听英文磁带听到在深夜里痛哭……

都是一些小事，可是这样的你，没有犯错，却是比犯了错更可怜的。

最重要的是，旁人都不知道，他们以为你天生便是被上帝眷顾的，他们以为你的少女心、你的青春，和别人的不一样。

3

是怎么样出现在你生命里的呢?

我也忘了。总之不知不觉就发现,这是一个可怜的女孩儿,于是安慰了你一句,你因为常年没听过安慰的句子,便湿了眼眶。之后我们的感情就算是迅速生长起来了,不仅是在安慰的单方面,而是用爱的光融合进琐碎的生活里,处处都是彼此的痕迹。

我们算是不可分割的朋友,把时光裁剪成最美的蜻蜓,放到彼此的肩上。习惯了在操场上打完羽毛球后由你给我整理衣领;习惯了在你考得好的时候对你挑眉祝贺;习惯了我被连退五篇稿时你说一句"我挺你";习惯了在你受委屈时,给你一个用力又认真的拥抱。

可是小鹿饮过溪水会离去,蜻蜓也终究落地。夏天会过去,时光不曾心软。

4

那个高二的夏天,你没日没夜地学,但最后还是只考了全校第三。老师家长都对你要求严格,一遍又一遍地问你是不是过于贪玩。明明没有的事,明明那么努力了,却被如此拷问,你当然委屈。被老师家长批评,是谁都害怕的事。

你站在我面前,眼睛比兔子的都红,你胡乱地抹着眼泪,说,我特别累。

也是高二,应该是元旦联欢晚会上,在同学眼中从来都只会学习的你,跳了一支流行舞蹈。你在众目下鸾凤翔鸾,最后老师也被惊艳到,主持晚会的男生呆愣了许久。你勾起嘴角笑了。这是你少有的开心时刻,笑得如同一个得到了糖果的小乞丐一样简单而可怜。

跳舞是你的爱好,可是跳舞在你爸妈眼里不容易有前途,所以尽管十分有天赋,也只能远远望着那些舞者。你说你羡慕我可以写稿,做自己喜欢的事,我只好宽慰你说,空闲的时候多加练习,大学以后会自由很多吧。

高三时,谁都一样没日没夜地做卷子,而你比别人都拼,也更累。接到你的电话时,我准备睡了,却听见你声线颤抖地说:"我刚才突然有一瞬间看不见了。"我焦急起来,在电话这边吼你,粗鲁地命令你立刻睡觉。从那天后,每天晚上你都要把电话拨通了,把电话放在身边才敢熬夜学习。

你说最欣慰的是,高三没有高考体育加试。初三时要进行体育中考加试,这是许多女生的梦魇。青春里的感情本就容易被扩大,加上人心惶惶的气氛,你居然私底下被吓哭了,那一声枪响,我不知道,你脑子里想的居然是我。跑完后,你给我打电话,你在电话那一头号啕大哭,可以说是疯狂。三年的委屈，跟着眼泪一起哗啦哗啦流了出来，毫不掩饰。

而第二天阳光略碎，你出来见我，又是那么完美的女神。

若你在外面永远那么完美，而只在我面前哭，那么我是何其幸运。其实，许多人都是如此吧，人前一个样子，长夜当中猫在被窝里，都忍不住可怜自己。幸运的是，你不必再躲在被窝里哭，你可以抱着我。

5

后来呢？

后来，我陪你走过了兵荒马乱的高三，却没来得及跟你好好告别。高考结束后，我们没怎么再联系。你在外打工锻炼自己，连个给自己矫情的时间都没有。

你又怎么知道，一旦想到你每天一个人笑也一个人哭，我心里多么不是滋味。既然时光残忍，那么我还是不要再打扰你。我想我可以把曾经的夏天装进相框里，捧着它在时光中静静地笑，就如同一切未曾变。

你迟早会离开我的吧。

可是那天却猝不及防地接到你的电话。你带着鄙夷的口气说话，一上来便说遇见个人渣。是因为有个男生向你表白，可是前一天他还在和另一个女生热吻，被人甩了就来找你。我激动地说,叫什么名字啊,住哪啊,你扑哧笑了:"就你那小身板,能打过谁?"

我想想也蛮有道理,于是也开始傻笑。

"你可不要和那种人在一起。"

"就是啊,你以为我没长眼睛。"说完这一句,你停顿了好长时间说:"要在一起也要找和你一样体贴的。"

什么东西,都会变质。感情也一样。

爱情或者友情,也可以没有区别。

6

几滴眼泪落下来,书上被洇开了一大片。

还记得那一天,阳光明媚,你的声音很甜:"我就赖上你了,就要在你面前哭,别想嫌弃我。"从那一天起,我的心里就亮起了亘古不灭的暖黄色灯光,且落下了永恒的雨。

夏天一个又一个地过,但我仍在。

掌灯的人在滂沱大雨中未看见天晴,那么他将在记忆的温度里,倔强地等。

爱情太短，遗忘太长

谈阿宝

我和刘洋是先在网上认识的，通过附近人加为好友后，我们却没怎么聊天。一天，我在空间发了一组学校办演讲活动的照片，他在底下留言说："你是××学校的？"我回了一个："嗯"，随后我们就开始慢慢聊起来，发现我们除了同校，居然还是同一个年级的。没办法，学校一个年级有十二个班，人太多，所以我们都对彼此没什么印象。但聊天中觉得刘洋很好相处，很可爱，他说话很幽默，脾气也很好。

有一天课间操结束，我陪好朋友上厕所。楼道很挤，我一直低着头，也没顾旁边。突然耳边很清晰地传来一声，"刘洋。"我条件反射似的抬头，刚好看见我左前方的那位男生转头往后看，耳边又响起，"书都发了吗？"那个男生回一句："发了。"我心一颤，又望了他一眼，心想他不会就是跟我聊天的那个刘洋吧。然后发现那个男生也正盯着我，看到我看他，很温暖地朝我笑了一笑。当时，我心是慌张的，但什么也没说，故作淡定地低下了头。

晚上我们聊天，他先发过来一个可爱的表情，然后说："楚念念，我今天看到你了。"

我回了他一个惊讶的表情，说："今天真是你啊？"

他说："对啊。"

我又打了一个问号过去，你怎么知道我长什么样的啊？

他回："呵呵，保密。"

很奇怪，自从和刘洋打过照面后，我会很期待在学校见到他。有时候远远地认出他，看见他正和朋友有说有笑，我心里会一下子很雀跃，但又很紧张，赶忙拉着好友撤离现场。总之，除了第一次尴尬见面，我们都没再正式地碰过面。

按照班级的打扫安排，接下来的一个星期，我被安排扫楼梯，楚安负责拖地。中午的时候，还没到上课时间，楼梯上来来往往的人很多，我就和楚安一上一下靠在楼梯的墙壁上，有一搭没一搭地说话。

突然听见有人喊我名字，我下意识地看过去，刘洋穿着一身白色的运动服，正慢慢走上来，眼睛一直盯着我，走到我身边时，他停下来，面朝着我，微微歪着脑袋，笑着说:"嗯?楚念念。"我没想到他会在学校跟我打招呼,就傻傻地说:"呵呵,你好啊。"他又笑了一下,没说什么,走了上去。他的笑很阳光,露出整齐的牙齿,眼睛很亮,眉毛粗粗的。

晚上聊天,他说:"你干吗不理我。"

我说:"没有啊。"

他发了一个很委屈的表情,说:"那我向你打招呼,你怎么怪怪的?"

我说:"我脑子笨,没反应过来。"

他又发了一个可爱的表情,说:"你不讨厌我就好,还有,你哪笨啊,明明很可爱啊。"

我看到这句话,脑海里想象着他的表情,突然觉得好开心。

运动会那天,我和同学躲在树荫下聊天。刘洋穿着一身运动装,很激动地跑到我身边跟我说:"楚念念,干吗呢?"

我见到他,先是一惊,随即说:"没干吗啊,聊天呢。"

他吐了一下舌头,像个孩子,笑得眼睛弯弯的,说:"待会我跑接力赛,最后一棒,你要帮我加油哦。"

我说:"好。"把手里没开过的饮料给他。

他很高兴地接下了,说了声再见,就蹦蹦跳跳地走了。

朋友好奇地问我他是谁。我说是十班的刘洋。朋友很惊讶地说："咦，听说他很冷淡的。"我心想，哪有，他很可爱，很开朗啊。

接力赛的时候，我跑到主席台上，看着他手拿接力棒冲刺的时候，风把他的头发吹起，露出他的额头。他微微蹙着眉，用尽全力地奔跑，遥遥领先。刘洋，我当时好想大叫，你跑步的样子好帅啊。

那次运动会的晚上，刘洋就向我告白了，他说："楚念念，你做我女朋友吧。"我答应了。

之后的每一天，我们都会在晚上通电话，他都会甜甜地喊我，念念。有时候还会在挂电话前唱一首歌给我听。他唱起歌来，声音特别醇厚，很有味道。

有时候，他会刻意在我教室的这层楼梯口等我，就是为了给我一些零食。他还通过各种途径和我班上几个男女生搞好关系，通过他们递纸条给我。

他总是说我人很小，个子矮矮的，每次我都会不开心地撇嘴。这时候，他又会凑上来说对不起。可是，过一会儿又牵起我的手，把我的手放在他的手掌里捏啊捏，还举起我们两个人的手做对比，说："你手真的很小。"

每次一起出去，在陌生人面前，他就会装出一副酷酷的模样，我逗他，说他的脸很臭。他故意地挑一挑眉毛，很不满地说："这明明是酷，好不好？"

他说,我以前不怎么听歌,现在为了你,开始习惯开电脑上网的时候听歌了。

他说,念念,我感觉自己和你在一起之后,都变了一个人了。好像傻了,怎么办?

他说,念念,什么时候你跟阿姨学学给我织条围巾吧,让我在冬天显摆,哥也是有家室的人。

他还说,念念,我好喜欢你。

那段时间,我整天都是快乐的。可能就仅仅是因为刘洋,他对我的疼爱,宠溺让我感受到了初恋的甜蜜。

可是,后来妈妈在我不在家的时候动了我的日记本,发现了我在本子上记录的和刘洋所发过的全部信息。回到家,她红着眼眶质问我,那个和我发短信的洋是谁。我忍着眼泪,什么也不肯说。

第二天,妈妈又跑到老师那揭发我,老师也很惊讶我谈恋爱的事,拼命拿早恋的危害来教育我。

朋友偷偷地把我的事告诉了他,可是在那几天我都刻意地把手机关了,他联系不到我,又不方便直接在学校和我讲话。后来,他托朋友传纸条给我,看完纸条后,我只是让朋友帮我告诉刘洋一句,我没事。

事情发生了五六天后,妈妈晚自习的时候又跑到学校,我一脸不知悔改的样子,她当着老师的面,扇了我一个耳光。

事情闹得这么大,超过了我的想象。

那天半夜,刘洋发短信过来,他说:"分手吧。"

过了一会儿,又一条短信,他说:"我一直以为最糟糕的情况是你离开我,其实最令我难过的,是你不快乐。"

刘洋,我懂。

那晚,我躲在被窝里哭得很凶,直到累得昏睡过去。第二天望着自己肿肿的眼睛,我告诉自己,楚念念,过去了。

后来,我们互相很刻意地避开对方,学校很大,本来碰上就不是件容易的事。

他生日那天,我犹豫了很久,还是没有把那句"生日快乐"发过去。凌晨的时候,看见他更新了签名:我终究是和你分开了,好吧,原来我们真的已经结束了,真的抱歉。

是的,一切已经结束,我们曾经小心翼翼维护的感情已成为记忆。抱歉,刘洋,我们都没能遵守那句相伴一生的誓言。

十六岁的傻姑娘

阿空空

我曾经疯狂地喜欢过他,认为他说的所有话都是真理,我愿意没有大脑地去实践他的梦想。不过这是曾经,一切疯狂的举动都停留在了十六岁。

十二岁那年我认识了他,他大我五岁,经历过我即将经历的事情。我喜欢追着他问当初他念初中的时候参加的校园活动,他总是懒懒地告诉我他从来不参加校园活动,因为他不喜欢说话,不喜欢和别人互动。十二岁的我是个开朗过度的小女孩儿,总是嘻嘻哈哈地在他身边玩闹。

他说我是他的太阳,照亮了他心里每一个角落。我并不觉得这句话有什么深意,也没有萌生男女之间的暧昧情愫,因为我还没有情窦初开。后来我恍然大悟,这是一个腼腆的十七岁男生对心仪的女生说得最大胆的话。当我懂得的时候,他再也没有说过这句话。

十六岁的我满脑子都是他。他喜欢周杰伦，我就去买周杰伦的CD，努力听懂我根本不喜欢的歌，我努力背下周杰伦所有的资料；他说他的梦想是北方，刚上高一的我给自己制订了一个计划，大学我要考去吉林、黑龙江，或者不念大学了，直接去漠河陪他看极光；他说他这辈子都不会去上海，那里太浮华、太世故，我便下定决心不踏进上海半步；他会写很细腻的文章，我就每天熬夜写作，直到把我们的故事完整地发表在杂志上，只是为了得到他的一句肯定；他喜欢短头发的女生，我马上就剪掉了及腰长发；他的父母都不在身边，我就每天陪他短信到深夜……

那个时候的我不是傻，是喜欢，是执着。我从来没有告诉过他我喜欢他，我只是默默地陪伴在他的身边，做着他喜欢做的事情，拼命变成他喜欢的样子。

他喜欢北方，但去了江南上大学。我把原先的计划全部推翻，我要考去江南，追寻他的脚步。他开始看王家卫的电影，我翻出了王家卫所有的电影通宵看完。

每天下了晚自习回家后我都会发一个笑话给他，然后期待着他的回复，我想知道他是不是笑了，是不是觉得我很用心。刚开始他会感谢我，后来我就等不到他的短信了。深夜只有黑和静，黑暗里我只能听到时钟"嘀嗒嘀嗒"的声音，我一直等他，当时针指向"2"时，我会发一个疲惫的"晚安"给他，然后难受地睡觉。直到第二天中午他才会打电话告诉我昨天他睡着了。电话的那头很嘈杂，我听不清他说的话。在我尝试着分辨他的声音时，他说："就这样吧，我挂了，再见。"

再见。我还没有说出口，电话里就传出了急促的嘟嘟声，他等不及我说再见了。也许大学很忙吧，我总是这样安慰自己。

后来怎么样了呢？

后来他喜欢上了我的闺密，在我十六岁时。我没有哭，只是整夜整夜地睡不着。脑子里不是周杰伦的歌就是王家卫的电影，还有那个虚浮在我眼前的梦里江南。我找到了那本写了我们故事的杂志，从头读到尾，我觉得故事里的我就像一个无头的苍蝇，为了他到处乱撞。

听说是闺密追他的，闺密心思细腻，做的每一件事情他都喜欢。我像一头发了疯的狮子，粗鲁地掰断了我和闺密的情谊，咬碎了满嘴的牙吞进肚子里，口腔里充斥着浓重的腥味。我不明白，他怎么会不喜欢我呢？我做的事情都是他喜欢的啊！

这个世界上所有的人都会对自己感到不满，只是那时候我不知道。

太阳并不是让人无时无刻地喜欢，如果干旱太久，人们会怨恨太阳的。我只是他十七岁时的太阳，但我不是他二十一岁时的太阳。

十七岁时我跟他断了联系。我结识了一群非常有主见的朋友，他们每个人都有自己特有的长处和爱好。

我开始为了自己写作，写我的生活，写青春，偶尔也批判社会现实。文章陆续被发表，在同班同学眼中我是一个有才气的女生。我写的小说里从没有出现他的影子，我知道我该做一回自己了。

周杰伦和蔡依林的恋情传得沸沸扬扬，周杰伦的态度让我非常不满，我并不真的喜欢他；漠河出现极光的次数少之甚少，我不想让自己为了去看一眼绚丽的虚无而耽误太多事情，我放弃了去漠河的想法；我又开始蓄起了长发，我喜欢编各种小辫。这时候我才发现我喜欢的事情，都和他喜欢的截然相反。我也刚刚尝到听从自己的快乐。

我收到了来自上海的邀请函，我要赴沪参加一个作文比赛。当我踏上上海这片土地时，我感到了深深的力量，这座不夜城可以给太多人机会。

我十八岁的生日是在上海度过的，我的写字梦在这里得到了肯定，我让梦想扎根于这里。回家后我把床头的"江南"换成了"上海"，这才是我的梦想。

从十六岁到十八岁，我改变了太多。我彻底剔除了他刻在我骨子里的喜欢，只是偶尔怀念和他贫嘴的时光，还有那个十六岁傻傻的姑娘。

我只是在告别

苏 凉

1

他站在林荫道上。阳光被树叶切成许多不规则的小块，落在地上。他就站在光与影之间，站在碎碎的阳光里，看着我。

明明伸手便可以碰到他的衣襟，我却觉得此刻的他离我十分遥远。

一朵无名的小花从枝头落下，在空中优雅地旋转几圈后，落在了他的头发上。我踮起脚尖，伸手想拿下那朵花，手指触到他柔软的头发的那一瞬，我听到他轻声说："小裴，我要去F大了，和她一起。"

那一刻，我的世界像是被按下了静音键，什么都听不见，只能呆呆地看着他，忘记了下一个动作，滑稽地抬着手，像个小丑一样。在我的世界里，他是神明，可以翻手为云覆手为雨，我的表情、我的心情、我的感情，可以因为他的一个字、一句话发生天翻地覆的变化。他看着我，脸上的表情很复杂。我未来得及开口，他便转身离去。我看见那朵白色的小花，在他转身的瞬间落下。我听不见他离去的脚步声，却听见白花的残喘，在落地的那一瞬，戛然而止。

我所有的期待和希望，似阳光下的泡沫，悄悄破碎，无人察觉。

2

他从未给我任何承诺。对啊，他没有说过会和我一起去D大，他没有说过会一直陪着我。那么我连失望和难过的资格都没有吧？

可我记得他握住我的手穿过汹涌人群时手心的温度，我记得他和我说要和我在一起时眼中的坚定，我记得他永远微笑地看着舞台上的我。

是什么时候开始变了呢？我不知道。只记得在高三文艺会演时，刚结束表演的我跑到他身边，他正微笑着看着舞台上身着古装的她，安静而又温柔，让我不忍打扰。那是他第一次，如此认真地看别的女生。

而后，开始注意到他和她熟识已久，她坐在他的前桌，常常将乌黑的长发拢到左侧，然后微微向右转，他的角度正好可以看到她好看的侧脸。她和他交谈，她的低头，她的皱眉，她的浅笑，他都看着。他对她笑，他右手撑着头，他眼中缀满温柔，我都看着。有时我甚至会觉得这画面太唯美，我太拙劣。

开始发现她不会吃早餐，每次大课间她会懒懒地靠在桌子上，睡眼蒙眬地对他说："我好饿啊，能给我去小卖部带一点儿零食吗？"他没有拒绝，回来的时候手上拿了两个我最爱的面包，给了我一个。

开始发现他和她上课偷偷传纸条。我不想在优雅的她面前表现出慌张的醋意，我给他一张纸条，问："你们天天在聊什么呢？不能让我知道吗？"她微微侧身便看到那张纸条，只用了两秒眼中便盈满泪光，紧皱的眉间堆满委屈。我看到他眼中闪过一丝慌张，抓起笔在纸上写了几个字。我摊开纸，他说："你真是够了。她只是和我聊几道理综题。你非要这样多疑吗？想过我们的感受吗？"我看着他写下的"我们"两个字，突然想要和她一样落几滴惹人怜惜的眼泪，可我怎么眨眼睛，眼泪都落不下来。

他说我的多疑伤害了她，他说我的占有欲太强，我限制了他的自由。他说这些话的时候站在我的面前，目光却落在不远处的她身上。我想辩驳，我说我只是问问你们在聊什么。他瞪了我一眼，说："我和她说话聊天的时候，你看她的眼神让她很受伤。"我坐下，心灰意冷地说："你现在所说的话，每一字每一句都是为她考虑。"

那是我们第一次吵架，从此便开始了长久的冷战。

3

她的长发乌黑有光泽，我的短发干枯而又毛糙。她开心时笑起来有两个酒窝，她撒娇时嘟嘴的样子很可爱，她难过时眼中的泪光让我都怜惜。我没有明媚的笑容，我不会嘟嘴撒娇，我难过时也只会把所有的委屈往肚子里咽。

我从不认为自己会输，我有无尽的勇气去相信，未来站在他身边的一定会是我。所以我可以忽略掉她洋洋得意的表情，我可以假装没听见别人告知我他们晚自习后一起回家的消息，我可以假装没注意到他的冷淡和躲避。我努力地往前走去，我想让自己看起来不那么狼狈，我想向她展示我的自信，因为我以为我们之间两年的爱恋足够坚固，无坚不摧。

他没有和我说分手。所以在亲眼看到他们两个在昏暗的路灯下面肩并肩走在一起，我告诉自己那只是错觉。我以为只要他没有和我说分手，我们便还是和以前一样。我依旧在睡觉前给他发短信道晚安，可是他再也没有给我回复。

她发来短信，她说他是怕影响我的高考才一直不和我说分手,她说我应该主动退让,她说我配不上他。

我只回复了三个字:"我不信。"

4

可我终究是不得不信。

6月23日,高考成绩公布,我比他少二分。她比我少十三分。知晓成绩的那一刻,我觉得阳光都更明媚了。

我以为这场三人行终于可以结束了,我自信地认为,他会选择他曾经当作目标的D大,他会和以前一样,在另一个城市里,紧握着我的手走过一个又一个红绿灯。

可他对我说,他要去F大,和她一起。明明他的分数可以和我一起去更好的D大。

她笑着说,如果他要和她在一起,又怎会因为分数而去D大。她的嘴角上扬,嘲讽地看着我。

我可以厚着脸皮装聋作哑装疯卖傻,只因为告诉我事实的人不是他。可当他亲口告诉我时,我所有的勇气在那一瞬间消耗殆尽。

我微微抬头,被明晃晃的阳光刺痛了眼睛。我终于做到像她一样仅用两秒就落下眼泪。

她缓缓走到我面前,脸上有难以掩饰的骄傲,她问我:"你还来这里做什么?"

阳光下的她又是一种别样的美,让人移不开视线。

那就是了,我漫长爱恋时光的结局。从相识到相恋,从相恋到离别,只差一场告别。

我抬手擦干眼泪,学着她的高傲神情,说:"我只是在告别。"

你好，十三楼男孩儿

八 蟹

平时构思故事总需要来点儿音乐寻找灵感，而这一次，静谧的夜，只有窗外轻言细语的风声。我想说说我自己的故事，关于那个十三楼男孩儿。

我对一个人的喜欢常常是盲目并且不知所然的。也许是因为那一年十三楼男孩儿突然像竹一样拔长，我开始注意到他。那一年，我高一。

因为他是住在十三楼，所以我称他为"十三"。起初我是非常讨厌这个楼层的，因为每次搭电梯总会停在这里，走进来不同的人。

喜欢是潜意识的吧，是无意识间产生的，十三是个沉默寡言的男生。搭电梯时从未听见过他与同行的人说过什么，所以对他的声音并不了解。

男孩子高高瘦瘦，非常单薄的样子，有时看他在风里走,像能被风吹走似的。

对他的情感是源于一次搭电梯时一个阿姨在搬煤气,电梯门一开他看见了便跑出去帮那个阿姨搬进来,后来又帮她搬出去。那时候我站在一旁看到这一幕,心里噔了一下。

我和十三从没有过任何交集,关注他以后我悄悄观察他的上下学作息时间,并调整我的作息时间,这样一来便能多见到他几次。

只要见到了就算没有言语也是欢喜的。年少时的情感,像夏天的雨水一样,充沛而又纯粹。

但即便是这样,我那时并没有想过其他。高一的尾巴时萌生的情感就这样一直淡淡地延续到了高三。

我甚至在其间写过一篇关于十三的小说,但那个故事真的挺烂的……因为不真实。一切都只是我的臆想,是梦中的憧憬。我与十三之间平淡到像一杯白开水,像没有任何颜色的白纸。

事实上,我确实期望着能与他发生些故事,这样的暗恋,哑剧一般的暗恋,每天在我与他相见中艰难地呼吸着,好像一不小心就可能从嘴里蹦出那句秘密。

我不知道他的姓名,不知道他的年龄,对他一无所知。只知道他是哪个学校的——他的校服告诉我的,也只知道他家住哪一楼。也许会被讽刺这样的喜欢很肤浅。少年时期,经历过的懵懂,在回想起来时掺杂着酸酸甜甜的滋味，就像青苹果。

青苹果，这个我与他唯一关联的事物，平安夜那天我偷偷送了一个青苹果给他。

那时候我已经高三了，却依旧很幼稚，许多事情都很冲动。迷恋十三的事我玩笑般地告诉我的家人，他们没有像小说里那样反对，而是笑话我天天花痴人家。我不觉什么，和他们一起谈论他时也是一脸幸福的样子，仿佛在说自己的男朋友一样。

听起来有些一厢情愿的可笑。

沉寂一年多，我终于决定在平安夜送个苹果给十三作为礼物。买了个青苹果，在晚自习放学回家后到地下车库，十三的电动车正好停在我车子的对面，我从书包取出苹果，刚想放在他的电动车车头前的凹槽里，想了想又拿了张纸巾垫在苹果下，小心翼翼地放了进去，然后满心欢喜地回家。

青苹果代表青涩，是青春的味道，又甜又酸。

第二天晚自习将车停到车库后特地去看了一下他的车，苹果不在了。我想他应该收下了吧，应该吧。

喜欢一个人的时候觉得他什么都好，就好像能从他冷峻的外表下看见那颗温热的心。

好几天过去了，可能是我小说看太多，总在想着也许他会在车前留张纸条问我是谁之类的。于是我又一次走过去，而这一次，我在无意间低头时，看见了那个苹果。

车库很静，头顶的灯很暗，那时的我看着那个苹果愣住了很久很久，我甚至不敢凑近一点儿看。青色的苹果，就这样无情地被丢在他车位的角落里，无人问津。

我无法想象他是用什么样的表情面对这个莫名来历的苹果，又是用什么样的情绪将它随手一丢丢在了角落。

他不知道，他丢掉的不只是一个苹果。

我的心里像被什么哽住了一样。在久久的沉寂后我迈着艰难的步伐离开了车库。

那一天我没有掉一滴泪，回家后也只是比平时沉默了而已。可第二天醒来，脑子里的第一件事便是这个，鼻子一酸，竟掉了眼泪。

我没有把这件事告诉任何人，我一个人担着这份可笑的悲伤觉得压抑到不行。那段时间我非常害怕遇见他，尽管我没有署名，但我却心虚地觉得自己的脸上就贴着闪闪的大字———一厢情愿。

就如同我说的，我和十三之间并没有发生故事。那时我已经高三了，并没有很多时间去想学习以外的事了，所以苹果事件在一段时间后就被搁置在脑海后了。

高考结束后的暑假也一次都没有见到过他，到现在也没有再见过了。

如今闭上眼也只能拼凑出模糊的影子，但他仍旧是我青春期里的一部分。

时过境迁，释怀了他的举动，释怀了那个被丢掉的苹果,也释怀了青涩的好感。原谅那个不知晓秘密的少年,也坦然接受幼稚的女生。

你好十三,我喜欢过你这个秘密你一辈子都不会知道了,因为它已经掉进岁月的河,与旧时光远走高飞了。

你好,我的少年。

再见,我的十三楼男孩儿。

呦，男神

林春蕊

我终于和男神拉近距离了

简直是命运弄人啊，机缘巧合下刚来班级时觉得萌萌的小帅哥竟然在分配座位时坐在了我的前面，原本满是少女情怀的以为老天终于开眼眷顾我，即将会赐予我一份近水楼台先得月的美好姻缘呢。

男神本名金源，一开始我和学校里的其他花痴一样聊起他时总是双眼冒桃花、柔情脉脉地叫他男神，谁叫这是个看脸的世界呢，想想自己的脸，唉，世界太残忍了。

男神上课总睡觉，背影真是极帅的呢，当然了，这个时候画面里再配点阳光洒在男神的身上那是极好的。

不过男神因为睡得太多了，交作业的时候就不淡定了，转过头来开始了和我的第一次对话——"借作业我抄抄，快，快，快，老师要走了！"

我表面淡定，内心窃喜地把我的作业递了过去，等着他还给我作业的时候温柔地对我说谢谢。

幻想很丰满，现实很骨感。

实际情况是这样的——

男神以光的速度，草书的形式，在下课铃声刚好响起的瞬间完成了这个学期的第一次作业。然后，把两本作业超级洒脱地丢给我"交上去"，然后屁股离开椅子，潇潇洒洒地走出教室了。

我在一下子嘈杂的教室里拿着两本作业乖乖地跑到讲台上交给正收拾东西要走人的老师，回来的时候才反应过来："你什么态度啊，我跟你很熟吗？基本的礼貌都没有。"我气鼓鼓地坐在自己的桌位，恨恨地踢了一脚男神的椅子，然后，翻了一个大白眼。

当然，男神有点儿小姿色，这种小事儿当然气完就忘了，就算心里有点儿小怨气，第二天男神跟我借笔的时候，我还是一脸巧笑地把笔借给他。不过这一次，男神是笑着跟我借的。哇，好有爱的笑容呢！对！我就是花痴，笑得脸上只见牙不见眼，这种笑容日后想起来真是懊恼得不行啊，我怎么不能矜持点儿呢！

男神貌似心情不错，跟我很自然地聊起天来，脸蛋真是神奇，长得好看，这个人的所有的一切都变得美好起来呢。

对，男神在我心里，声音好听，身材好看，连他不堪入目的草书我都爱屋及乌呢。

我的玻璃心啊，你碎成怎么样了啊？

美好的时光总是短暂的，我以为我和男神从此即将一步步地踏向美好的未来的时候，男神毒死人不偿命的嘴巴毁灭了我对未来的一切期待。

"王琦，有时候我觉得你妈应该把你塞进肚子里重新生，看看能不能多长点儿脑子。"

"说得好像你有脑子似的，有本事以后别抄我作业。"

"呵呵，那是哥懒得做，你去看看哥的成绩排名，甩你几条街呢！"

我实在受不了这个神经病兼自恋狂了，甩他个大白眼，无视他！

"给，这是不知道哪个花痴女塞给我的巧克力，给你尝尝鲜，看你一副穷酸样，没吃过吧！"

对，自从我柔弱的玻璃心被金源的毒舌给碎了几千几万回后，老子再没叫过他男神。除了直呼他大名，偶尔我还会提醒他，可能他老爸早就预见他儿子竟然如此腹黑毒舌，就给他起的这个神奇的名字，可能寓意他记得要——

禁言。金源和禁言，简直合适得不能再合适了吧！

平安夜的晚上，上晚自习已经很倒霉了，刚好遇上金源无聊来洗刷我就更倒霉了。本来我早已千疮百孔的玻璃心对这种节日已经无感了，可是我前面那个自恋狂总是喜欢刺激我。

金源看着他一抽屉的苹果，转过头问我："琦哥，怎么样，平安夜呢，我掐指一算，你应该孤单落魄，一个都没有吧？"

"姐不屑！"我继续做我的习题，头都没抬一下。

"哎呀，你长成这样也不容易，来，哥一抽屉的苹果呢，你随便挑，想拿几个拿几个，源哥今天大发善心都送给你了。"说实话，刚开始我看着金源这副样子真的超级想拿鞋砸他，后来慢慢习惯连白眼都懒得翻，直接无视他。

"别不需要啊，拿一个多好啊，你空手走在路上多丢人啊？来来来，源哥帮你挑的最大的这个你拿着，说源哥送的还给你长面子呢，好机会要把握。"

金源放了一个苹果在我的课桌上，在平安夜里这明明是很温暖的一件事，可是再看看金源那自恋的样子，我什么心情都没有了。内心只有一个声音在呐喊——啊，苍天啊，这个幼稚鬼是你派来惩罚我想象力太发达的吗？

后来的故事

幼稚鬼男神继续动不动地蹂虐我,从外貌、成绩、智力,从各方面各个层面地对我解剖和打击。我没有金箍棒也没有收妖钵,哭!我只能忍,忍,我再忍,接着忽略、忽略,再忽略!

当然,他偶尔会给我讲解我不会的数学题,在我肚子饿的时候给我小零食吃,这些小细节就不用说了,反正他在我心中大恶人的形象已经根深蒂固了。

怎么说呢,这三年,只能和男神且行且珍惜地相处下去了吧。